유럽의 문화경관

A TRAVEL ESSAY

김광식 지음

ON CULTURAL
LANDSCAPE
IN EUROPE

유럽의
문화경관

김광식(金光植)은 서울 출생으로, 서울대학교 언어학과를 졸업하고 문화공보부(현 문화체육
관광부)에 들어가 공직생활을 한 이래 해외홍보와 문화예술 분야에 30여 년 재직한 문화예
술 행정가이다. 일본, 미국, 영국 및 홍콩 등 해외에서 모두 16년 동안 근무하면서 풍부한 해
외 경험을 쌓았다. 재직 중 문화예술국장, 국립중앙박물관 사무국장, 주일본 문화원장을 역임
하였고, 1997년부터 4년 동안 고려대학교 초빙교수로 재직하였다. 1999년부터는 유네스코 전
문가 단체인 ICOMOS 한국위원회 위원으로 세계 여러 나라를 다니면서 문화유산 보존업무에
참여하고 활동하였다. 저서로『세계의 역사마을 1, 2, 3』(눈빛)을 비롯하여『오늘의 문화유산
보존과 활용』(2013, 시간의 물레) 등을 펴낸 바 있다.

유럽의 문화경관

김광식 지음

초판 1쇄 발행일 — 2018년 3월 15일
발행인 — 이규상
편집인 — 안미숙
발행처 — 눈빛출판사
　　　　서울시 마포구 월드컵북로 361, 이안상암2단지 506호
　　　　전화 336-2167 팩스 324-8273
등록번호 — 제1-839호
등록일 — 1988년 11월 16일
편집·진행 — 성윤미·이솔
인쇄 — 예림인쇄
제책 — 일진제책

copyright ⓒ 2018 by 김광식
ISBN 978-89-7409-965-7
값 25,000원

이 책을 쓰면서

문화경관은 무엇인가. 이 책에서 소개하는 문화경관은 유네스코가 정한 세계유산 기준으로 선정된 유럽의 역사문화 풍경, 즉 도시를 중심으로 이루어진 문화경관을 말한다. 하지만 여기에 실린 것들은 지정 유적지 말고도 과거와 현재가 공존하는 유럽의 고풍스러운 도시경관이 문화적 경관으로 포함되었다.

EU라는 연합국가 체제의 유럽은 하나이다. 그 속의 유럽은 다양하다. 북미보다도 좁은 대륙에 수십 개의 국가가 서로 맞대고 있는 태피스트리와 같다. 유럽의 실체는 역사가 전개되어 오면서 민족의 이동, 전쟁, 지배, 기독교의 전파 등 역사적 사건이 연속적으로 일어나면서 하나의 문화권을 형성했다. 유럽은 기독교 문명이 발전시킨 나라들이다. 기독교가 탄생시킨 문화적 경관이 다양하게 펼쳐져 있다. 유럽의 문화경관은 그리스도교의 문화경관이다. 그리스도교가 유럽에 들어와 형성한 종교경관 그 자체이기 때문이다. 유럽을 가면 어디를 가나 기독교 문명에 뿌리박은 전통과 기독교가 만들어낸 문화경관에 압도당하는 것이 현실이다.

이 책에는 2014년 늦가을과 2015년 여름, 두 번에 걸친 여행에서 촬영하고 입수한 자료를 엮어 보았다. 2014년 여행은 11월 피렌체에서 개최되는 이코모스(ICOMOS) 총회에 앞서 문화관광분과(ICTC) 위원들이 밀라노에서 출발하여 팔라디오 건축을 관찰하면서 베네치아까지, 그리고 거기서 토스카니 지방의 중세도시를 탐방하는 여행에 참가하여 피렌체까지 가게 되었다. 나는 일이 끝나고 로마를 방문한 다음 밀라노로 다시 와서 이탈리아와 스위스를 오가는 알프스 관광열차 '베르니나 급행'을 시승하고 독일로 향하였다. 독일에서는 라인강 일대와 독불 국경도시 아헨을 탐방하였고, 이어 마틴 루터의 종교개혁의 산실로 알려진 비텐베르크를 들러 보았다.

2015년 여름엔 바르셀로나에서 시작하여 남프랑스를 거쳐 그리스 아테네에서 끝나는 패키지 여행에 다녀왔는데, 의외로 유럽의 역사적 전개와 밀접한 관계가 있는 지중해 해안지역과 알프스 서쪽의 문화경관을 피상적이지만 답사할 수 있었던 것과, 서양문명의 근원지인 그리스를 짧게나마 보고 올 수 있었음은 나의 행운이었다고 생각된다.

이 책은 앞서 말했듯이 기독교가 발전시킨 유럽의 문화적 전통과 경관은 거의가 기독교와 관련된 유산이다. 이런 문화유산을 한 크리스천으로서가 아니라 문명권을 달리하면서 살아온 동양권의 한 사람으로서 유네스코가 정한 '문화경관'으로서 바라보고 살피면서 쓴 것으로 이해해 주면 고맙겠다.

능력의 한계가 있는 필자가 나이 칠순에 『세계의 역사마을』 I권을 펴낸 지 13년이, II권과 III권이 출간된 지 5년이란 세월이 흘렀다. 80이 훌쩍 넘은 지금 문화경관을 걸어서 보고 사진을 찍고 집필할 수 있도록 건강을 유지할 수 있었던 것은 하나님의 은혜라고 생각한다.

출판이 매우 어려운 요즈음 이런 책을 내준 눈빛출판사 이규상 사장님, 안미숙 편집장님께 깊은 감사의 말씀을 올리고 싶다.

2018. 3.
김광식

차 례

문화경관이란

이 책에서 자주 사용한 문화경관이란 어떤 것인가를 좀 설명해 둘 필요가 있겠다. 문화경관이란 문화에 경관이 더해진 말이다. 문화는 인간이 이룩한 모든 것을 의미하며, 경관이란 볼 수 있거나 감상할 수 있는 경치를 말하는 것인데, 『한글큰사전』에 의하면, "사람의 손을 더하지 아니한 원시림이나 빙하와 같은 것은 자연경관이라 하고, 사람의 손을 더한, 잘 손질하여 놓은 공원이나 논밭 같은 것은 문화경관"이라 한다. 『국어대사전』(이희승 편)에는 "자연경관에 인공을 가하여, 이룩한 경작·광공업·교통·도시 등의 경관"으로 정의한다. 그러므로 문화경관은 인간이 자연에 손을 더하여 만든 건조물, 일정한 단위의 취락 그리고 인간 공동체가 주변 환경을 이용하여 생활하기 위하여 만든 농경지 등이 포함된다. 문화경관은 그러므로 살아 있는 또는 지속되는 문화유산이 된다.

문화경관을 구성하는 기본요소는 자연을 바탕으로 한다. 문화는 자연환경에 따라 또는 지리적 환경에 따라 다양하게 발전한다. 환경에 따라 각각 다른 주거양식을 보여주며 자기네들이 오랜 기간 쌓아 온 사회구조를 보여준다. 이러한 것들은 인간 활동의 결과로 생성되는 것이며, 또 인간이 의도한 바가 활동으로 집적되어 생긴다. 그래서 오랜 기간이란 시간성과 일정 지역이라는 공간성을 가진다. 공간성은 때로 한정된 토지나 일정 규모의 지리적 영역이 필요로 한다.

문화경관에 어떤 것들이 있을까. 맨 먼저 인간이 일정 지역에 집단적으로 거주하면서 만들어 놓은 것으로 도읍과 방어용 요새를 포용하는 경관을 꼽을 수 있고, 농사를 짓기 위하여 촌락을 만들고 주변에 자연을 경작지로 만든 지역이나 임해지역에 어로를 생업으로 하기 위한 어촌 등을 꼽을 수 있다. 도시 안에는 신을 섬기기 위한 신전, 교회 등이 있을 수 있고, 지배계층이 축조한 궁궐, 성곽, 정원, 대형 건조물과 방어용으로 쌓은 성곽, 성채(城砦)를 꼽을 수 있다.

자연 환경이 다르면 또 다른 문화경관이 생성된다. 동서양의 문화경관은 분명한 차이가 있다. 동양에서는 생산영위 방식이 농사였기 때문에 농경지에 집단취락이 잘 발달되었는데, 서양에서는 농업과 더불어 목축도 겸하여 발달하였기 때문에 집단주거가 동양보다 덜 발달하였다. 유럽에서는 반대로 역내에서 그리고 역외로 교역이 발달하여 대소 도시가 잘 발달하였다. 동양에는 목조 건축이 주류를 이루고 있는데, 서양에는 석조 건축이 많다. 석조 건조물은 수명이나 보존기간이 동양의 목조 건조물보다 훨씬 오래간다. 우리는 유럽 여러 군데에서 로마 시대의 유적으로 먼 곳의 물을 끌어와 생활용수로 이용하는 수십 킬로미터 길이의 수로를 발견한다. 동양, 특히 중국과 일본의 여러 도시의 의도된 경관은 도로를 격자형으로 만들어 그 안에 건축물을 배치한 데 반하여 유럽에서는 근대에 이르기까지 층수를 제한하여 고른 스카이라인을 만들어낸, 보기 좋은 경관이 특징이다.

자연과 관련된 문화경관은 훨씬 다양하다. 제일 자주 볼 수 있는 문화경관은 식량을 생산하기 위한 다양한 토지 이용의 사례라 할 수 있다. 토지의 이용은 그 지역의 자연환경에 좌우된다. 강우량이 많은 아시아 몬순지대에서는 벼농사의 풍경이, 비가 덜한 건습지대에서는 밭농사의 풍경이, 초원지대에는 목축이, 이런 다양한 토지 이용에 따르는 문화경관의 다른 모습이다. 깅우량이 적은 지중해 언안지대에선 올리브나 와인 제조용 포도밭과 장원 비슷한 와이너리 등의 인공으로 조성된 풍경을 발견한다. 산과 숲은 인간이 활용하는 자원이면서 많은 경우 경외와 숭앙의 대상이 된다. 사막에 외딴 오아시스는 사람들로 하여금 일정한 범위 안에서 농업을 영위하면서 서로 떨어진 거리를 이어 주어 교류와 교역을 가능하게 하는 역할을 담당한다. 인간의 항해술이 아직 고도화되기 전까지 일정 간격으로 해상교통의 거점이었던 무역항은 인류문화 교류의 중심적 매개체였다.

유네스코 세계유산 속의 문화경관

문화경관은 유네스코 세계유산등록에 관한 협약에 전문용어로, "인간과 자연과의 상호작용에 의하여 만들어진 경관"을 의미한다고 규정되어 있다. 문화경관은 1990년대에 처음 등장하였다. 원래 1972년에 체결된 세계유산협약에는 문화유산의 한 종류로서 유적지를 고고학 유적과 함께 "자연과 사람의 결합으로 이루어진 경관지"라고 규정하였다.

　"인간과 자연과의 상호작용에 의하여 만들어진 경관"을 좀더 설명한다면, 문화경관이란 인간이 살고 있는 풍치 또는 경관을 말한다. 인간이 계속 살고 있고 그리고 자연을 계속 이용하고 있는 문화유산인 것이다. 유네스코 세계유산 지침에 인간과 자연의 상호작용에 의하여 만들어진 경관은 세 가지가 있다. 첫째, 인간이 자연을 의도적으로 설계하고 만들어낸 경관이다. 둘째, 유기적으로 진화된 경관이라 하는데, 이것은 인간을 둘러싼 자연환경의 제약을 극복하거나 자연의 혜택을 입으면서 오랜 세월 쌓아 온 인간의 사회와 주거의 진화를 담은 경관이 있다. 셋째는 (인간과) 연관된 문화경관을 말하는데, 물적 증거보다는 자연요소에 대한 인간의 종교적, 심미적, 예술적, 역사적 관련 가치에 근거를 둔 연상(associative)경관도 있다.

　첫 번째 범주의 경관은 영국 런던의 큐가든 식물원을 예로 들 수 있다. 큐가든은 1759년 궁전과 병설하여 지은 세계에서 가장 유명한 식물원이다. 큐가든은 세계 각지에서 식물자원을 수집하여 품종을 개량하여 영국의 해외 대규모 농원(plantation)에 이식하여 대량생산도 추진한 역사를 가지고 있다.

　두 번째 범주의 문화경관으로 예를 들 수 있는 문화경관은 필리핀 루존 북부에 있는 코르디렐라 지방의 다랑논들이다.(졸저, 『세계의 역사마을 Ⅲ』, 눈빛출판사, 2013, pp. 293-300) 이 지역의 다랑논은 2천 년의 역사를 가지고 있는데, 우량이 풍부한 산간 급한 경사지역에 오랜 세월에 걸쳐 논을 일구고 살아왔다. 지금도 2만 명 이상의 농촌 사람들이 이런 전통적 방식으로 농사를 지으면서 살아가고 있다.

　세 번째 범주는 이해하기가 쉽지 않아 보이기 때문에 예를 하나 들기로 한다. 이 범주의 대표적 문화경관은 최근 세계유산으로 등재된 일본 후지산을 들 수 있다. 후지산에는 인간이 자연요소에 손질을 더한 물적 증거가 없다. 후지산은 주변에서 또는 멀리서부터 보기가 좋아 풍경이 되고(심미적), 많은 사람들이 예술작품을 창작하는 영감을 얻을 수 있고(예술적), 나아가서는 사람들에게 신성시하는 숭배의 대상(종교적)이 되기도 하였던 것이다. 2015년 1월 현재 세계유산 1,007건 중에 문화유산은 779건, 혼합유산(자연과 문화의 혼합유산) 32건으로 나오는데, 문화경관을 보면 대략 1백여 개 정도로 헤아릴 수 있다.

도시의 생성

유럽의 도시는 기독교 유적이 거의 그 전부다. 1500년에서 2000년 동안의 기독교의 전통이 배어 있기 때문이다. 도심지에는 로마식의 광장이 있고, 광장 정면에 대성당이 자리 잡고 그 주변에 시청과 공공의 건물이 들어서 있다.

도시란 사람들에 의해 인위적으로 만들어진 규모가 큰 취락이다. 그러기에 도시는 말하자면 자연에 가해진 인공의 힘이 만든 결과라고 할 수 있다. 그러므로 도시를 만들어 가는 과정에서 그곳에 사는 사람들이 자연을 어떻게 인식하는가에 따라 도시의 모습이 다르게 생성된다. 사람의 기술력이 자연을 정복 지배할 수 있다고 인식한다면 자연풍경은 잔혹한 방법으로 파괴될 것이나, 그 반대로 조화 순응한다면 도시는 달라진다. 건물의 크기, 색채와 같은 건축양식, 건물의 전체적인 배치, 그리고 도시 전체의 경관이 건축물이나 가로에 적극 반영된다면 도시와 자연은 하나의 풍경이 되어 살아 있는 경관을 만들 수 있다.

사실 따지고 보면 도시라는 문화경관은 자연을 인간의 목적을 위하여 희생시키거나 파괴한 경관이다. 그런데 이러한 파괴된 경관에 미적 감성을 부여하기 위하여 자연의 무한한 곡선의 리듬으로 미를 만들어 주는 데 비하여 도시라는 인간의 건조물은 곡선도 있지만 주로 직선으로 구성되어 있다는 사실일지도 모른다. 여기에 지붕은 자연과 조화시키기 위하여 적당한 경사의 곡선을 채용하고 있다고 설파한다.

미려한 도시경관을 자아내는 요소는 무엇인가. 일본 학자 우치가와 호미(內川芳美)는 단순한 요소로서 미적 경관이 결정된다고 한다. 그에 의하면 몇 개의 요소가 있는데, 첫째는 지붕의 소재와 색채의 통일이 하나이며 여기에 건축의 원초적 형태인 지붕 특히 경사진 맞배지붕이 특징이라는 것이다. 여기에 더하여 시가를 형성함에 있어 건물의 높이가 일정한도 이하로 억제한 자제의 미(美)이다. 또 옛것을 소중히 여기는 마음가짐이 아닐까 하고 나는 생각해 본다. 실제로 대량 소비사회 미국을 여행하고 유럽에 이르면, 그리고 유럽 여러 곳을 돌아다녀 보면 강렬하게 남는 인상은 대부분의 도시가 주변과 잘 어우러져 있다. 지붕이 적갈색 지붕으로 통일되어 있는 곳이 대부분이고 일부에 청동판 지붕이나 흑색 계통의 편마암 판형(板形) 기와를 가끔 보기도 하지만 이것은 이 석재의 산지가 가까워 조달이 용이하나 이점이 있기 때문일 것이다. 인간이 만들고자 의도한 경관 중에는 건축/건조물의 외관 양식, 성상 이콘(icon), 프레스코(내외 벽에 그림으로 마감한 것), 모자이크 타일, 스테인드글라스 등을 찾아낼 수 있지만, 이런 건축물은 종교건축에 두드러진다.

*일러두기
책에 실린 사진 중 촬영 제약 때문에 입수할 수 없었던 일부 대상 자료는 이해를 돕기 위해 부득이 WEB에서 다운로드하여 사용했습니다. 크리에이티브 커먼즈(CCL)의 자료는 ⓒⓒ로 저작권자를 표시하였고, 공공영역(public domain)의 자료는 별도로 표시하지 않았습니다.

1. 고대 그리스 풍경

아테네

아테네 공항에 도착하니 밤 8시였다. 서양문명의 사상적 토양을 제공한 그리스, 신과 신화가 헤아릴 수 없을 만큼 많은 나라, 무수한 고대 유적이 가득 있는 나라, 이런 곳에 하루 반나절의 일정으로 얼마나 보고 갈 수 있을지 조바심마저 난다. 우리 일행은 올림픽 경기를 치르기에 앞서 개통한 외곽순환 고속도로를 달려 아크로폴리스에서 멀지 않은 디바니 호텔에 여장을 풀었다. 저녁 늦게 도착하였기 때문에 밤거리를 구경할 시간은 없었다.

다음 날 아침 호텔 옥상에서 아테네 시내를 조망하는 행운을 가졌다. 아침 햇살이 밝게 비추어 주는 아테네 시내에는 고층 건물이 별로 없었다. 거의 모든 건물이 5-6층 높이로 가지런히 시가지를 형성하고 있다. 서쪽으로 2킬로미터쯤 떨어진 아크로폴리스 언덕이 시야에 들어온다. 파르테논 신전이 육안으로 식별할 수 있을 정도의 거리에 우뚝 서 있다. 가지고 갔던 줌렌즈로 끌어당겨 찍었지만, 좀더 긴 줌렌즈가 있어 더 당겨 찍었으면 좋았을 것을 하는 아쉬움을 느꼈다.

그리스인들의 선조 도리아인들이 흑해 근처에서 남하하여 그리스 땅에 정부하기 시작한 것은 기원전 10세기로 보는데, 그때 이곳에는 미케네 문명이 존재한 것으로 나타나지만 알려진 것은 그리 많지 않다. 기원전 9세기 무렵 그리스의 도시국가가 출현하였고 그때 이룩한 고대 그리스 문명은 서구문명의 시발점이 되었다. 고대 그리스의 기본적 정치 단위는 폴리스였고, 각각의 폴리스는 독립적이었다. 폴리스가 때때로 도시국가로 번역되는 이유가 된다. 이 시기에 그리스 문명은 크게 번창하였으며 많은 역사적 인물을 배출한다. 오늘날까지 알려진 호메로스, 소크라테스, 플라톤, 아리스토텔레스는 이때의 인물이다. 이때 꽃핀 정치, 경제, 문화, 종교, 철학, 예술, 건축 등 다방면에 걸친 그리스 문명은 로마제국을 통하여 유럽 전역에 강력한 영향력을 주었으며, 근대에까지 이어져 유럽의 르네상스와 18-19세기에 걸쳐 나타난 신고전주의와 같은 사조에서도 그 영향력을 확인할 수 있다.

기원전 500-448년 사이에 일어났던 그리스-페르시아 전쟁으로 한때 페르시아의 점령을 겪었던 폴리스는 페르시아와 대항하기 위해 동맹을 맺는데, 이때 가장 큰 폴리스 아테네가 델로스 동맹을 결성하여 맹주가 되고 이에 맞서 스파르타가 중심이 된 펠로폰네소스 동맹이 결성되었다. 동맹 사이의 갈등은 결국 기원전 431년 펠로폰네소스 전쟁으로 이어진다. 아테네와 스파르타의 오랜 갈등과 전쟁은 고대 그리스 전체의 약화로 귀착되었으며, 결국 알렉산드로스 대왕의 마케도니아 왕국에 의해 정복당하고 만다. 고대 그리스의 종말이었다.

아크로폴리스는 아테네 시내 한복판 해발 156미터 높이의 언덕 위에 자리 잡고 있다. 면적은 약 3헥타르이며 평평한 바위산이다. 아크로폴리스 입구에는 프로필라이아(Propylaea)라는 기념문이 있고 입구 남쪽에는 작은 아테나 니케 신전이 있으며 언덕 중심에 파르테논 신전(Parthenon)이 자리를 잡고 있다. 높은 대지(臺地)의 남쪽은 야외극장인 디오니소스 극장 유적이 남아 있고, 좀 떨어진 곳에는 헤로데스 아티쿠스 극장이 있는데 부분적으로 복원되어 있다. 언덕 위에 2천 수백 년 전에 지은 파르테논 신전은 고대 그리스 문명을 대표하는 건조물로 사람들의 마음속에 새겨져 있다. 오랜 많은 역사 속의 우여곡절을 겪고 대부분이 뜯겨 나간 채 지금도 그 속의 주인공의 비밀을 간직하고 사람들의 발길을 끌어들이고 있는 것이리라. 우리도 많은 인파 속에 끼어 아크로폴리스의 언덕을 향하여 걸었다. 언덕은 대리석 바닥이 군데군데 있어 미끄럽다. 언덕 위에 올라가니 파르테논 신전이 아테네 위에 군림한다. 파르테논 신전은 복원공사가 한창이나 건물 열주가 당당히 서서 가진 풍상을 증언한다. 신전은 70×30미터 사각형 건물에 열주의 높이가 19미터나 되는 거대한 건물. 2천5백 년 전 지었다고 보기에 힘들 정도로 준엄한 자세를 풍기는 신전. 신전으로부터 얻는 감동은 말로 쉽게 표현할 수 없는 그 무엇이 있었다. 파르테논 신전은 건축미나 그리스인의 마음과 생각 그리고 그 시대의 그리스의 영광을 모두 안고 있는 아테네의 건축의 하이라이트요, 절정기에 달한 아테네의 문화적 숙성도를 상징해 주는

아테네 시가.

건축이라고 생각되었다.

　신전은 헤라클레스가 통치하던 아테네의 황금시대 기원전 447년에 착공하여 15년이 걸려 완공하였다. 페르시아 침공을 받아 파괴되었던 것을 다시 재건하였던 아테네는 주변 폴리스와 동맹을 맺고 맹주로서 바로 스파르타와 전쟁에 돌입했다. 로마제국이 점령한 한참 후 기독교가 로마의 국교가 된 후 6세기 파르테논은 성모마리아 성당으로 개조 사용되었다. 그러다가 비잔틴제국이 멸망하고 오스만제국이 지배한 15세기 이후에는 모스크로 전환되었다. 파르테논 신전은 1687년 베네치아군이 아테네를 공격할 때 터키군이 화약저장고로 사용하던 신전을 공격하는 바람에 폭파되었다. 그 후 오스만제국 지배 시 영국의 엘긴 백작이 오스만제국의 허가를 얻어 신전 주변에 흩어져 있는 유물을 대거 수집하여 영국으로 가져갔다. 현재 엘긴 대리석(Elgin's Marble)로 알려진 이 유물을 둘러싸고 그리스와 영국 사이에 반환요구가 끈질기게 진행되고 있는 중인 유적임을 생각할 때 기구한 역사를 다시 한 번 생각하게 한다.

　기원전 4세기 알렉산드로스가 아시아를 정복하면서 수많은 그리스 도시국가들도 많은 변화를 겪었다. 헬레니즘 시대의 도래다. 광활한 영토를 갖게 된 그리스인들은 여러 곳으로 이주하여 나가면서 그리스인들의 영토는 넓어졌고, 사람들이 보는 시야도 크게 넓어졌다. 그리스인들의 일부는 인도와 심지어 중국 타클라마칸 사막지대에도 진출했던 흔적이 나와서 그리스인들

아크로폴리스.

이 거주했던 사실을 말해 준다. 오늘날 그리스와 터키 지도를 잘 살펴보면 터키 해안의 도서들은 거의 모두가 그리스의 영토라고 표시되어 있는 것을 볼 수 있다. 에게해의 도서들은 모두 그리스의 섬이다.

알렉산더가 아시아 아프리카를 지배해 여러 곳에 헬레니즘 도시를 건설하였는데, 대표적인 헬레니즘 도시는 이집트의 알렉산드리아와 현 시리아의 안티오키아로서 헬라 시대의 문화가 많이 남아 있다. 기원전 168년 로마군이 그리스를 정복하였다. 헬레니즘 시대는 로마의 정복으로 사실상 끝났지만 그 문화적 전통은 15세기까지 콘스탄티노플에 수도를 둔 동로마제국에 의해 승계되어 내려왔다. 아테네의 아고라 광장은 문화와 정치의 중심지로 여전히 존속했다. 그 예로서, 동로마제국의 헤라클리우스 황제는 610년 제국의 공용어를 라틴어에서 그리스어로 바꾸어 놓았다. 오늘날 기독교 성경은 이때 정비되었는지 원전은 거의 다 그리스어로 되어 있는 사실은 주목할 만하다. 이때부터 서로마와의 단절된 가운데 동로마제국은 그 절정기였던 11세기에 제국의 문화가 부흥하여 독특한 비잔티움 예술을 남겼다. 중세 서유럽의 암흑기에 비잔틴제국에서 로마 전통을 이어받아 이를 정리 발전시켰고, 아랍문화를 수입하여 서유럽에 다시 르네상스의 문화를 꽃피우게 한 역할을 담당했다. 헬라 후예는 비잔틴제국이 멸망한 후엔 4백 년 동안 오스만 터키제국의 지배를 받다가 19세기 그리스라는 국가로 독립을 쟁취하여 오늘에 이르렀다. 그러니까 고대 그리스 문명의 후예라 하지만 2천 년 동안 타 민족의 지배를 받아 온 불행한 역사를 지니고 있는 사람들인 것이다.

면적 13만 제곱킬로미터, 인구 1천만 명, 1인당 GDP 3만 불, 그리스의 현황이다. 면적은 우리 대한민국보다 넓은데 대부분이 석회암과 화강암의 산지를 차지하고 있어 가용면적은 20퍼센트에 불과하다. 부존자원이 넉넉하지 않아 교역에 의하지 않고서는 넉넉한 생활을 할 수 없는 여건이다. 고온에 건조한 기후(연간 강우량 약 500mm)로 포도나 올리브 농사에나 적합하다. 도서가 6천여 섬이어서 교통은 선박을 이용해야 하며 그래서 현대에는 페리와 크루즈가 발달하였다. 그러므로 그리스인들은 오래전부터 교역으로 먹고살았고, 농사가 차지하는 비중은 그리 높지 않은 것 같다. 아크로폴리스의 신전 건축과 같은 거대 사업은 모두가 노예들을 부려 지은 것이리라.

아크로폴리스 방문을 마치고 델포이를 향해 떠나기에 앞서 우리 일행은 시내를 드라이브 관광하다가 아테

산비탈 마을 아라초바.

네 올림픽 경기장 앞에 잠시 머물렀다. 고대 올림픽 경기의 발상지로 20세기 초 최초의 현대 올림픽이 치러진 곳이다. 의회 앞에서 또 하차하여 부근을 구경하였다. 우리가 방문하였을 때 그리스는 국가채무관계로 EU 채권국과의 교섭이 한창 진행되고 있었으며 의회는 매일 데모가 이어지는 매우 어수선한 상황이었는데, 주말이라 그런지 의회 앞은 의외로 조용하였다. 올해가 그리스의 EU 가입(1981) 24년째인데 정부가 빚을 얻어 선심 쓰듯이 복지를 늘리고 봉급자의 혜택을 넓혀 오다가 국가 부도사태에 직면하게 된 것이다.

델포이 성역

다음 일정은 여기서 180킬로미터 떨어진 델포이 신전을 방문한 다음 펠로폰네소스반도 입구에 있는 또 다른 고대도시 코린토스까지 다녀오는 일정이다. 아테네 시내를 빠져나가는 데는 시간이 그리 많이 걸리지 않았다. 시외엔 의외로 넓은 벌판이 전개된다. 그리스의 곡창지대라고 생각된다. 한 시간 반쯤 달리니 산악지방으로 접어든다. 델포이가 자리 잡은 해발 2,457미터 높이의 파르나소스산이 보이기 시작했다. 델포이 못 미쳐 델포이 마을 입구에서 잠시 쉬었다. 산비탈에 들어선 마을이 강렬한 햇빛을 받아 사진발이 아주 좋았다. 나중에 이 마을을 지나가는데, 오래된 시가지 도로는 언제 개설한 것인지 차 두 대가 비켜 가기가 쉽지 않았다. 그러나 나중에 알고 보니 도로는 비탈에 산허리를 돌아가는 길을 내었고, 양 옆에는 상점들이 줄지어 들어서 있기 때문에 더 이상 길을 확장할 수도 없는 사정이 있었다.

　델피로 향하면서 그리스의 역사를 한번 소개해 본다.

　도리아 민족이 남하하여 그리스반도를 차지하는 동안 이를 피하여 이주하던 그리스 이주민들은 아테네 근방과 일부는 에게해 섬과 소아시아로 이동하였다. 이 사이 해안지역을 중심으로 폴리스(polis)라는 형태의 도시국가가 서서히 형성되었다.

　그리스의 자연과 지세는 산이 많고 평야가 적으며 산줄기가 여러 갈래로 갈라져서 산에 둘러싸인 골짜기와 톱니바퀴와 같은 들쑥날쑥한 해안은 하나의 지리적인 단위를 이루게 된다. 기후는 강우량도 변변치 못하여 연중 건조한 편으로 겨울에만 약간 비가 오는 지중해성 기후여서 경작은 올리브와 포도 재배가 중요 농산물로, 식량은 다른 데로부터 수입하지 않으면 안 되었다. 자연스럽게 수공예와 낙농품이 중요한 교역상품이 되고 바다를 향해 진출하여 해양국가로 발돋움하게 되었다. 이러한 자연조건이 폴리스라는 작은 단위의 국가를 성립시키는 데 중요한 요인이 되었다.

그리스에 폴리스가 언제 어떻게 성립하였는지는 정확히 알려지지 않았지만, 도리아족의 남하와 다른 부족국가의 위협으로부터 스스로를 지키기 위하여 여러 촌락이 모여들어 도시가 형성되었음은 짐작할 수 있다. 기원전 8-9세기 그리스에는 수백 개에 달한 것으로 파악된다. 그중에도 아테네, 코린트, 스파르타 등이 수백 개의 동맹도시를 거느린 중요 도시국가였다.

이렇게 하여 그리스인들은 스스로를 헬레네스(Hellenes)로 부르고 폴리스들은 델피의 아폴로 신전을 중심으로 인보동맹을 맺고 이민족과 대결하였다.

기원전 490년 페르시아는 소아시아를 점령하고 그리스에 침공하여 왔다. 그때 아테네의 잘 훈련된 군대는 마라톤에 상륙해 침공하려는 페르시아군을 막아 냈고, 42킬로미터를 달려서야 아테네 시민에게 승전 소식을 전할 수 있었다. 이것이 마라톤 경주의 시발점이 되었다.

델포이는 파르나소스산(해발 2,534미터) 밑 비탈진 언덕에 자리 잡은, 그리스인들의 신앙의 중심지이다. 성지에는 아폴로 신전 외에 아테나 성역과 카스텔리아의 샘 유적 등이 여기저기 산재한다. 아폴론 신의 신탁(神託-신의 계시가 내려짐)이 행해졌던 신전이 중심에 있는데 아폴론 신의 신탁을 받던 곳이라 한다. 당시 그리스 사람들은 아폴론 신의 신탁을 근거로 하여 국가도 개인도 대사를 결정하였기 때문에 전성기 시절에는 그리스 내에서뿐만 아니라 식민지에서도 순례자들이 봉납물을 가지고 찾아와 신전에 바치고 경배하였다. 그래서 이 지역은 경제적으로 매우 윤택하였다. 아폴로 신전에서 서서 위쪽을 보면 파르나소스산이 보이고 아래를 내려다보면 한참 밑에 계곡이 있다. 해발 천 미터쯤 높은 데 있지 않나 싶었다. 고대에는 아폴론과 아테나를 찾아 신탁을 받으려는 사람과 순례자들이 방대한 성역을 찾아 오가던 모습도 눈에 선하다.

아폴론은 태양과 예언 및 광명·의술·궁술·음악·시를 주관하는 신이며 월계수와 리라, 활과 화살은 대표적

델포이 성역에서 내려다본 계곡.

아폴로 신전.

인 상징물이다. 그리스 조각에서 아폴론은 언제나 월계관을 쓰고 있다. 델포이는 아폴론과의 연관이 있는 피티아 제전(Pythian Game-델피 축전이라고도 함)의 개최지이기도 하다. 올림픽 제전 이전부터 델포이에서 아폴론 신을 기리기 위한 제전으로 8년에 한 번씩 열렸는데 음악과 시가(詩歌)의 축전이었다. 훗날 체육경기가 추가되었다. 피티아 경기에서 올림픽 경기와 마찬가지로 승리한 사람에게 월계수를 수여하는데, 여기에는 다음과 같은 신화 전설도 뒤에 있다고 한다.

아폴론은 페네오스의 딸인 다프네를 보고 사랑에 빠졌다. 그는 열심히 구애를 하였는데 다프네는 도망쳤다. 아폴론이 다프네를 쫓아가 강가에서 막 안으려 할 때, 다프네가 월계수로 변해 버렸다. 다프네의 요청에 대한 아버지 페네오스의 구원이었다. 아폴론은 눈물을 흘리며 이후 "내 머리는 너의 잎으로 장식하고 영광스런 경기대회에서 우승한 사람과 전쟁에서 승리한 용사의 머리에 월계수 잎으로 만든 관을 씌워 찬양하겠다"라고 했다.

코린토스

델포이 방문을 마치고 코린토스를 향해 출발하였다. 델포이에서 코린토스까지는 78킬로미터. 고원지대에서 길은 바닷가로 계속 내려갔다. 산에는 나무가 별로 없고 바위와 관목들이 널려 있는 것이 비가 별로 오지 않는 고장임을 실감할 수 있었다. 해안가의 바위산을 돌아가면서 『플루타크 영웅전』에 나오는 한 이야기를 읽어 보았다. 아테네의 왕 아이게우스는 델포이 아폴론 신에게서 신탁을 받고 돌아가던 중 트로이젠에서 하룻밤을 머문다. 이날 만취한 왕은 트로이젠의 공주 아이트라와 동침하게 되고, 다음 날 아침 떠나면서, 훗날 혹시 남자 아이를 낳으면 자신의 아들임을 증표로 삼기 위해 칼 한 자루와 가죽신을 그 집 섬돌 밑에 남겨 놓는다. 곧 아들이 태어나 테세우스라고 이름 지었다. 그 아이가 열여섯 살이 되자 어머니인 공주 아이트라는 아들에게 아버지가 아테네 왕 아이게우스임을 알려주고 왕이 남겨 준 칼과 가죽신을 찾아 준다. 테세우스는 아버지인 아이게우스 왕을 찾아 나섰다. 긴 여행 도중에 도둑도 많이 만났지만 모두 죽이고 아테네 시내로 들어섰다. 왕궁에서 그를 환영하는 잔치가 벌어졌다. 하지만 왕비 메데이아가 테세우스를 독살하기로 마음먹고 술에 독약을 풀었다. 한편 아이게우스 왕이 테세우스에게 술을 권했다. 테세우스는 술잔을 받고 칼집에서 칼을 빼어 양고기를 잘랐다. 그때 왕이 그가 녹슨 칼집에서 칼을 빼는 것을 보다가 그 칼집이 16년 전 자신이 트로이젠에 남겨 놓았던 칼집임을 알아보고 테세우스에게 소리쳤다. "잠깐, 그 술잔을 버려라!" 칼과 가죽신이 아들임을 증명해 준 덕에 테세우스는 무사하게 살아남아 아버지 아이게우스를 만나게 되었다. 테세우스는 훗날 크레타의 미궁 속에 살고 있던 괴물 미노타우로스를 쳐 죽인 쾌거로 헤라클레스와 함께 고대 그리스를 대표하는 영웅이 되었다.

석양이 질 무렵 코린토스 운하 앞에 다다랐다. 코린토스 운하는 이오니아해와 에게해를 잇는 운하이다. 펠로폰네소스반도를 연결하는 코린토스 지협(地峽, isthmus—두 육지를 연결하는 좁고 잘록한 땅)을 따라 1881년부터 1883년까지 6.3킬로미터의 운하가 건설되었다. 운하를 이용하면 펠로폰네소스반도를 돌아가는 것보다 700킬로미터 정도 운항 거리가 줄어든다고 한다. 운하는 갑문을 설치하지 않은 수위가 일정한 운하인데 코린토스 지협의 대지(臺地)를 일직선으로 파 내려갔다. 언덕이 높은 곳은 79미터나 된다. 코린토스 지협에 운하를 파려는 시도는 로마 시대부터 있었다. 기원후 67년 네로 황제 시절 노예를 동원하여 길이 3.3킬로미터 파다가 정세가 불안해지면서 중단, 방치되었던 것을 그리스가 독립한 후 수에즈 운하 개통에 자극을 받아 다시 착공하여 1883년 완공되었다. 제2차 세계대전 중에는 독일군의 이용을 방지하기 위해 파괴시켰다가 전후 1950년 복구하였지만 운하 폭이 좁아 대형 선박은 통과하지 못하고 주로 관광 선박만 통행하고 있다.

절두상.

고대도시 코린토스는 어떤 도시인가. 코린토스는 이오니아해와 에게해를 잇는 해상교통의 요충지라는 입지 조건 때문에 기원전 6세기 중반까지 아테네 못지않게 상업과 무역도시로서 번창했다. 안내문에 의하면 코린토스는 기원전 7세기 킵셀로스(Cypselus)가 이곳을 통치하면서 아폴로와 포세이돈 신전을 지었다고 한다. 고대 그리스의 신전 중에서 가장 오래된 것으로 원래 38개의 기둥을 가졌던 신전에 지금 기둥 7개가 남아 보존되고 있다. 유적 폐허에는 1만 5천 명을 수용할 수 있는 고대 극장과 법정 건물 등 하나의 지구를 형성하는 아크로폴리스이다. 그러나 기원전 146년쯤 로마군의 정벌로 코린토스는 철저히 파괴된다. 그 후 로마인 지배 때 재건되었는데 코린토스에는 여러 번의 지진이 일어나 유적이 파괴되었다. 지진

코린토스 폐허.

으로 파괴되었지만, 과거의 영화를 엿볼 수 있는 자취는 볼 수 있을 만큼 발굴 복원하였다. 정말, 이런 건축물이 2천 수백 년 전에 지어졌는가 할 정도로 규모가 크고 남은 기둥과 잔존 석물의 모양새가 당당하다. 거주지에, 감옥에, 원형극장에, 광장에, 공동 우물에, 공동 화장실까지 어느 것 하나 빠지지 않은 공동체다. 이 완벽한 도시가 지진으로 붕괴됐으니 아쉬울 뿐이다.

박물관 마당과 유적지에 그리스 신들의 머리가 잘린 채 방치된 석상이 꽤 많았다. 그리스도교가 이 땅에 들어오면서 유일신을 믿는 그리스도교인들이 제신(諸神)을 배척하기 위해서 자른 것이다. 신약성서 중 「바울 성인의 코린토스의 교인에게 보내는 편지」를 우리나라에서는 기독교 교파에 따라 '고린토 서' '고린도 서' '코린토 서'로 다양하게 음역하고 있을 정도로 코린토스는 사도 바오로의 활동 무대였었다. 코린토스에는 당시 2만 명의 유대인들이 살고 있었는데 바울 사도가 코린토스에 들어와서 1년 반 동안 머물면서 전도하였다. 신약성서 「사도행전」을 보면 여기서 전도하던 바울은 유대인들에게 봉변을 당한 것으로 쓰여 있다. 그의 가르침이 율법에 위반된다고 재판하여 달라는 유대인들의 요구에 총독은 반대파 유대인들에게 대하여 "너희 유대인들아, 만일 부정한 일이나 괴악한 행동이 있었으면 내가 너희 말을 들어주는 것이 마땅하거니와, 만일 문제가 말과 명칭과 너희 율법에 관한 것이면 너희가 스스로 처리하라. 나는 이러한 것에 재판장이 되기를 원하지 아니하노라 하고 그들을 재판장에서 쫓아내었다"라고 적고 있다.(사도행전 18장 14-16절)

포세이돈

떠나는 날 오전, 수니온 곶(cape) 언덕 위에 서 있는 포세이돈 신전을 보러 갔다. 연도엔 해안가 아티카 평야와 수니온 근처 구릉지에 새로 지은 빌라와 콘도가 즐비하다. 짐작하건대 이 지역은 아테네의 돈 많은 사람들의 별장지로 발돋움하고 있는 것이 아닌가 싶었다. 포세이돈 신전 근처에 이르니 바람이 몹시 분다.

수니온 곶 절벽 위에 세워진 포세이돈 신전은 대략 기원전 440년경 건립된 것이라 한다. 포세이돈 신전은 60미터나 되는 절벽 위로 전면에 6열의 도리스식 기둥을 세워 지은 건축으로 지금은 모두 15개의 기둥이 잔존해 있는데, 아테네 아크로폴리스 아래에 있는 헤파스토스 신전과 비슷했을 것으로 추정된다.

포세이돈. ⓒR. 프란츠.

폐허엔 돌기둥만 남았지만 가운데에는 거대한 포세이돈의 청동상이 있을 것으로 추정된다. 1906년 이곳을 발굴했을 때 수니온 청년의 조상(彫像) 등이 발굴되었고, 현재 아테네 국립박물관에 전시되어 있다.

호머의 오디세이에 의하면 아테네의 장악을 둘러싸고 경쟁하다가 아테나에게 패한 포세이돈은 화가 난 나머지 아테네 사람들의 곡창인 아티카 평원에 홍수를 나게 하여 복수하였다. 또 포세이돈은 트로이의 성벽과도 관련된 이야기도 있다. 포세이돈과 아폴론은 제우스로부터 노염을 사서 그들의 신성을 잠시 동안 정지당하였다. 제우스는 이들과 화해하기 위해 트로이에 거대한 성을 쌓으라고 명하였는데 포세이돈은 이를 거부하고 바다 괴물을 보내어 트로이를 공격하였다고 한다. 이 바다 괴물은 후에 헤라클레스에게 살해되었다.

고대 그리스인들은 모든 자연현상이 신의 통제를 받는다고 믿었다. 신들은 죽지 않는 존재이지만 사람 모양과 거의 같은 것으로 믿었다. 신들도 인간과 같이 가족을 가지고 가문을 이루어 계층적 위계를 가졌고, 인간과 관계를 가지면 반신반인이 되어 통치자의 지위에 오르는 것으로 믿었다고 한다. 더욱이 해양 도시국가 그리스에서는 바다의 신이 높은 지위를 차지할 수밖에 없었다. 앞서 본 바와 같이 포세이돈은 제우스와 형제 사이로 신격도 제우스 다음가는 높은 지위의 신이었는데, 크로노스 일족을 몰아내고 세상의 권력을 잡으면서 제우스와 제비를 뽑아 세상을 나누었다. 그 결과로 제우스는 하늘을, 포세이돈은 바다를 다스리게 되었다는 것이다. 포세이돈은 바다와 강과 호수 모두를 다스리게 되었다. 포세이돈은 성품이 점잖았다가 난폭해지기도 하는데 점잖을 때 포세이돈은 새로운 섬을 만들어 주거나 고요한 바다를 열어 준다. 그런데 그의 비위를 거스르거나 노하면 삼지창으로 땅을 쳐서 지진을 일으키고 폭풍을 만들어 배를 파선케 한다는 것이다. 그래서 선원들은 안전항해를 위해 희생물로 말을 바다에 던져 제사를 지냈다. 이후 포세이돈 신전에는 위정자들도 공물을 바쳐 포세이돈의 가호를 빌었다.

그리스의 영광은 어디를 갔나? 망망대해를 바라보니 바다를 향한 낭떠러지에 외나무가 하나 바람에 나부끼고 있다. 수령이 얼마나 됐는지 알 수 없었으나 이곳을 지나간 수많은 사람들의 애환을 증언하는 듯싶다. 포세이돈 돌기둥 초석에 영국 바이런 경의 이름이 새겨져 있다. 영국의 시인 조지 고든 바이런(George Gordon Byron, 1788-1824)은 그리스 독립운동에 열렬하게 참가했다가 36세에 전사 요절한 낭만주의파 시인

포세이돈 신전.

이다. 그리스가 오스만 터키제국으로부터 독립하려는 항쟁에 참전한 기이한 이력을 가진 인물로 그가 이곳에서 남긴 시를 일부 소개하고자 한다.

그리스의 섬들, 그리스의 섬들이여!
정열의 사포가 사랑하고 노래하던 곳
전쟁과 평화의 기술이 자라난 곳
델로스가 오르고 포에부스가 솟아난 곳!
아직 영원한 여름의 금빛으로 빛나지만
그러나 태양만 남고 모두 저물어 버린 곳이 되었네.

아ー 그리스의 영광이여 어디로 갔나,
나의 나라여? 이 고요한 바닷가에
영웅의 노래는 들리지 않고
영웅의 가슴은 뛰지 않네!
오랫동안 숭고한 소리를 울려 주던 그대들 수금을
나와 같은 깨끗지 못한 손으로 켜야 하나?

수니온의 대리석 절벽 위에 나를 세워 다오
그곳엔 파도와 나 말고는 아무도
그리스를 탄식하는 소리를 들을 자가 없네
여기서 백조처럼 노래하면서 죽어 가자
노예의 나라에서 나는 살 수 없어
사모스의 술잔을 던져 버려라!

The isles of Greece! the isles of Greece
Where burning Sappho loved and sung,
Where grew the arts of war and peace,
Where Delos rose, and Phoebus sprung!
Eternal summer gilds them yet,
But all, except their sun, is set.

And where are they? and where art thou,
My country? On thy voiceless shore
The heroic lay is tuneless now—
The heroic bosom beats no more!
And must thy lyre, so long divine,
Degenerate into hands like mine?

Place me on Sunium's marbled steep,
Where nothing, save the waves and I,
May hear our mutual murmurs sweep;
There, swan-like, let me sing and die:
A land of slaves shall ne'er be mine—
Dash down yon cup of Samian wine!

귀족의 가문에서 태어나 숱한 염문을 일으키면서 살다가 젊은 나이에 그리스를 영렬하게 사랑하여 독립전쟁에 참전하다가 죽어 간, 한 그리스 애국선열의 혼을 여기서 만날 줄은 생각하지 못했던 일이다.

신전 앞에서 사진을 찍고 있는데 초로의 부부가 관광을 왔다가 수니온 곳의 검푸른 바다 위 구름 한 점 없는 하늘과 신전의 기둥을 배경으로 발레리나 같은 포즈를 취한다. 나도 그 사람들의 양해를 얻어 사진 몇 장 찍고 수니온 곳을 떠나 공항으로 향하면서 짧은 그리스 방문을 마쳤다.

포세이돈 신전 앞에서 관광객이 발레리나 같은 포즈를 취하고 있다.

2. 고대 로마 도시들

잘부르크의 리메스 유적

독일 프랑크푸르트 근처에 로마 유적이 있다. 이탈리아 여행에 앞서 프랑크푸르트를 경유하게 되었기에 이 유적을 찾아보기로 하였다. 프랑크푸르트에서 약 20킬로미터쯤 라인강 북쪽에 위치한 로마 유적을 찾아 나섰다. 공항 역에서 교외선을 이용하여 바트 홈부르크에서 로마 요새로 가는 버스를 갈아타려 했는데 불행하게도 도로공사 때문에 잘부르크행 버스는 운휴 중이라 한다. 대안을 찾아보았는데, 막상 바트 홈부르크 역에서 로마 유적을 찾아가는 길은 길게 돌아가는 택시를 이용하는 방법밖에 없다고 한다. 하는 수 없이 부근까지 가서 걷기로 하고 헤센 민속마을까지 가는 버스를 탔다. 날씨는 흐리고 가끔 비도 뿌렸다. 헤센 민속마을에서 잘부르크 요새까지는 약 1.5킬로미터쯤 떨어진 지점에 있고, 완만한 타우누스산 능선 평탄한 곳에 자리 잡고 있었다. 요새는 1세기에서 2세기 사이 지어졌다가 다 파괴되었던 것을 19세기 말 독일 빌헬름 황제가 하드리아누스 황제와 안토니우스 황제에게 경의를 표한다는 뜻으로 복원한 것이다. 2008년 이 요새는 '독일 리메스(limes, 로마의 국경선)'로 유네스코 세계유산으로 등재되었다.

타우누스 산속에 잘부르크 로마 요새는 1세기 초 시저의 정복으로 로마의 영토가 되어야만 했고, 민족과의 경계가 되었다. 로마는 새로 획득한 변경에 요새와 장성을 쌓아서 외적에 대비하였는데, 로마 주둔군단은 동서를 가르는 독일 리메스(German Limes)를 쌓았다. 이의 연장선상에 도버 해협 건너 영국에도 중부지방을 가로지르는 하드리안 성벽(Hadrian's Wall) 유적이 남아 있다. 리메스 성벽은 현재의 본(Bonn)에서 라인강 좌측으로 타우누스 산중을 거쳐 도나우 강가의 레겐스부르크에 이르는 약 100킬로의 성벽이라 하는데 군데군데에

로마 유적–라인강 유역 로마군 주둔지.

34

성채를 쌓았던 것이 남아 있는 것이다. 로마인들이 진주해 올 무렵 이 지역은 굉장한 삼림으로 뒤덮여 있었던 것 같다. 로마시대 역사가 코넬리우스 타키투스가 지은 『게르마니아』(98년)에 나오는 중부 유럽의 관한 풍부한 기술을 보면, 지금의 중부 유럽은 "땅은 넓고 지형은 별로 변화는 없으나 일반적으로 음침한 삼림으로 덮여 있거나 늪(沼)지로 이어져 있는 황량한 지역"이었다고 한다. 이보다 앞선 선주민으로 스위스와 남부 독일 휘센 근방 여러 군데에서 호수 위 수상부락 유적에서 조개껍질, 사슴 등의 뼈가 발견되었는바(호숫가에 선사시대 취락의 모습이 재현되어 세계유산으로 등재되어 있다) 빙하시대 이후의 이 지방의 모습을 상상케 하는 부분이다.

우거진 숲속에 있는 요새의 규모는 생각보다는 크지는 않았다. '리메스' 선 안쪽에 자리 잡은 잘부르크 로마 요새는 외벽은 석벽, 내부에는 흙벽으로 둘러싸여 있다. 정면 두 개의 아치형 정문 앞에는 해자(垓字)를 건너 로마 황제 안토니우스 피우스의 동상이 세워져 있었다. 성채는 네 군데의 성문으로 들어가는데, 내부에는 제일 눈에 띄는 곳에 식량창고, 병사들의 막사, 마사(馬舍), 무기고 그리고 다른 편의시설이 들어 있었다고 안내서는 소개한다. 안에 들어가니 지금은 모두 박물관으로 조성되어 당시의 추정되는 병사의 막사와 생활상을 모조품을 만들어 전시하여 놓았다. 19세기 복원을 위하여 발굴할 당시 영내에 모두 100개에 가까운 우물 흔적을 발굴하였는데, 이 중 몇 개를 복원하여 놓았지만 오랜 세월을 흐르는 동안 물줄기가 말랐는지 물은 보이지 않았다. 성벽 밖에, 이 외딴 요새 주변에도 마을이 조성되어 가족을 동반한 민간인들이 거주했다는 것이 주변에서 발굴된 주거와 신전 흔적이 증거하고 있다. 성 안팎의 로마 주둔군은 하나의 자그만 우주를 구성하지 않았을까, 필요한 식량은 주변 전원에서 원주민으로 하여금 농사를 짓게 하여 성내에서 소요되는 식량을 자급하지 않았을까 하는 상상을 해보았다. 잘부르크 요새 일대는 오늘따라 비가 오락가락하였다. 서둘러 프랑크푸르트로 돌아가는 차편을 찾아 잘부르크를 떠났다.

로마의 탄생과 번영

기원전 750년 이탈리아반도 중부에서 일어난 조그만 부족국가였던 로마가 이탈리아반도를 평정하고 지중해 전역은 물론 유럽의 패자가 되어 1천 년 이상 세계에 군림하였다. 로마가 일군 문명은 현대문명을 이루는 데 근간이 되었고, 세계사의 방향을 바꾸어 놓았다. 어떻게 하여 이런 위업을 이룩할 수 있었는지 궁금했다.

기원전 8세기경 이탈리아 중부의 작은 마을에서 시작해 지중해를 아우르는 거대한 제국을 이루어내어 역사상 가장 커다란 영향력을 남긴 국가, 초기엔 라틴 계통의 일파인 에르트리아족이 그리스 문명의 영향을 받아 선거에 의해 대표를 뽑는 대의정치를 하는 도시국가 형태로 발전하다가 왕국이 되었다. 기원전 509년 에르트리아왕을 추방하고 귀족들이 공동으로 다스리는 공화정을 펴게 되었다. 공화정 아래서 2명의 집정관이 국가를 지도하였는데 실제로는 귀족들로 구성된 원로원이 중요 국가정책을 결정하였었다. 기원전 4세기경부

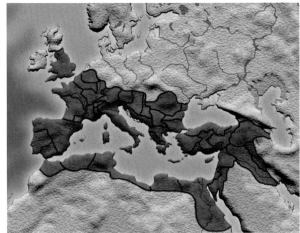

▲ 로마제국의 판도, 116년.
◀ 아우구스투스 초대황제.

터 평민의 힘이 커지면서 농민을 기반으로 하는 보병부대가 크게 강화되어 기원전 272년경에 이탈리아반도의 여러 도시국가를 통일한다. 그 후 지중해의 여러 지역을 침공 정복하여 광대한 영역을 지배하면서 초강대국가로 커 갔다. 기원전 1세기 말 옥타비아누스에 의해 제정 시대가 시작되었다. 이렇게 하여 로마제국은 강력한 국력을 바탕으로 '팍스 로마나'로 불리는 태평성대를 구가하게 된다. 하여 서유럽 전역과 발칸반도를 비롯하여 지중해와 아프리카 북안에 이르기까지 로마제국이 지배하던 흔적은 헤아릴 수 없을 만큼 많다.

로마제국이 남긴 도시유적

내가 지난 몇 년 동안 다녀 본 유럽 지역의 로마 흔적에 대한 자료를 찾아보았다. 이 중에 루마니아, 불가리아, 터키, 이스라엘 등지에서 보았던 로마 유적 몇 군데를 소개해 보려 한다.

　루마니아에서 가장 남는 기억은 루마니아가 슬라브 민족으로 둘러싸인 동유럽에서 오직 하나의 로망스어를 사용하는 나라라는 것이었다. 어떻게 이런 일이 가능할 수 있었을까. 루마니아는 믿기 어렵지만 로마인들의 정복 후예로서 다키아인들이 점령했던 오랜 역사 기간 중에도 그들의 정체성을 지켜 오면서 슬라브 민족이 포위한 발칸 지방에 유일하게 프랑스/이탈리아어와 같은 어군인 로망스어를 사용하는 전통을 지켜 온 것이기 때문이다. 실제로 발칸 지방을 여행하다 보면, 키릴 문자(러시아어를 표기하는 문자이기도 하다) 나라들 가운데 로마자로 표기되는 도로표지와 신문 등을 마주치면 아주 반가운 느낌을 자연스럽게 가지게 된다. 어떻게 막강한 슬라브 민족과 게르만 민족, 그리고 헝가리/터키 민족들 사이에서 그들의 전통을 지켜 올 수 있었는지 민족적 자존과 슬기를 지켜 온 역사에 존경심이 간다.

　트란실바니아 지방 알바 율리아(Alba Lulia)에 머문 일이 있다. 알바 율리아는 인구 약 6만 명으로 중소도시에 속하지만 로마제국 시대에 로마군단의 변경 주둔지였다. 트란실바니아산맥 이남에 세르비아와 크로아티아로 연결되는 로마제국의 최전방 방위포스트였던 것이다. 지금 알바율리아의 로마 시대 성곽의 보루(bastion)는 7개의 별 모양으로 커다란 요새의 모습을 취하고 있음을 보여 준다. 수년 전 내가 방문하였을 때

로마 성곽의 기단을 발굴하여 정비하고 있는 모습을 목격하였고, 지하의 석조 구조물을 훼손하지 않고 남은 석물을 이용하여 호텔과 사교시설을 들여 놓는 지혜를 목격한 일도 있다.

루마니아 여행을 마치고 기차로 터키까지 여행하면서 불가리아에 들렀다. 그리스 국경 가까이 있는 유명한 리라 수도원을 방문하려 했는데, 교통이 불편하여 짧은 일정으로 도저히 가능한 여정이 아니었다. 그리하여 대리운전 자동차를 렌트하여 제2의 도시 플로브티브와 부근 유적, 그리고 장미 생산으로 유명한 카잔라크 부근의 다키아 유적을 둘러본 일이 있다. 다키아왕국은 로마가 진주해 오기 전의 왕조로서 그들이 사용하던 금구 장식은 우리나라 신라 시대의 금구와 매우 유사하다.(졸저, 『세계의 역사마을 3』, 눈빛출판사, 2013, p.58)

플로브티브 시내 한가운데 동산에 로마 시대의 야외극장이 보존되어 지금도 공연장으로 사용하는 진풍경을 만났다. 현대 도시가 확장되면서 산 밑으로는 자동차 통행을 위한 터널이 뚫려 있었다. 플로브티브 시내에는 로마 시대 유구 위에 이슬람의 모스크의 유적이, 그 위에는 현대의 주거가 공존하는 곳이었다.

이스탄불은 천 년 동안 동로마 즉 비잔틴제국의 수도였던 곳이나 유적은 콘스탄티누스 황제에 의해 동·서로마로 분리된 4세기 이후의 것이다. 터키 파묵칼레 온천 지대에 지어진 히에라폴리스는 헬라 시대의 식민지였지만 로마 시대에까지 휴양지로 존속하여 왔고, 셀주크 근처의 에페소스(성경에서는 에베소로

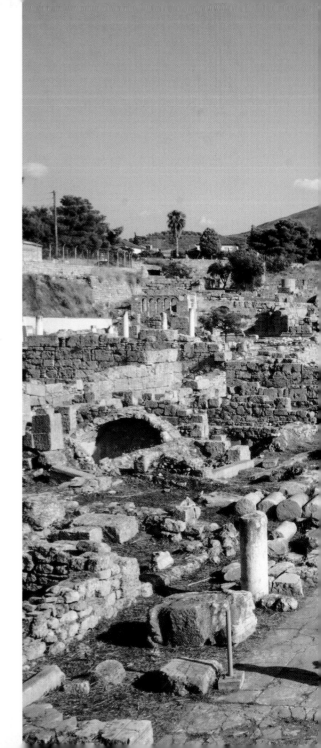

로마 시대 유적, 코린토스

타브 시내의 로마 원형극장

알바율리아 로마 성곽. ⓒ Kiki Vasilescu.

마사다 유적. 너머에는 사해가 보인다.
ⓒ Andrew Shiva.

저항군의 항전 무기.

소개되어 있음)는 2천 년 전의 대도시의 규모를 웅변하는 유적이 끊임없이 관광객을 끌어들인다.

이스라엘에는 성서 현장을 순례한다고 2006년과 2013년 두 번 일주일 정도 여행한 경험이 있다. 여기서는 이스라엘 유적 두 개만 소개하려 한다. 그 하나는 지중해 연안 해변가를 내려오면서 카이세리로 이어지는 로마 수도이고, 다른 하나는 로마 정복군에 항거하다가 1천여 명이 장렬하게 전사한 광야의 '마사다' 유적이다.

로마 점령군이 유대 지방을 침공 지배한 것은 기원전 63년이었다. 예수가 십자가에 처형된 것은 유대인 사제에 의해 박해받은 것이지만 이를 집행한 로마 총독은 본디오 빌라도이다. 우여곡절이 있었지만 이후 100여 년 동안 로마에 의해 점령 지배되어 오던 유대에서 두 번에 걸친 독립전쟁이 일어났다. 로마의 지배로 불만이 고조되어 오던 가운데 총독 푸로레스의 가렴주구에 성난 예루살렘 시민이 무장봉기하여 한때 로마군을 압도하였는데, 기원후 70년 로마군의 조직적인 토벌작전으로 예루살렘을 빼앗기고 성과 유대인의 신전이 초토화되었다. 이때 저항하던 유대 사람 약 1천 명이 사해 광야에 있는 마사다 고지 절벽 요새에 후퇴하여 3년 동안 결사항전하였다. 로마군은 이 고지를 탈환하기 위해 서북쪽에 인공으로 산을 둘러싸서 공격하지 않으면 안 되었다고 안내서는 소개한다. 집요한 로마군의 공격에 모두 자결하고 생존자는 여자 2명과 어린이 5명뿐이라는 슬픈 역사를 남겼다. 우리가 찾아가 본 마사다 유적은 동쪽은 약 400미터 높이의 절벽에, 서쪽은 약 90여 미터의 절벽 위에 있는 평탄한, 모양은 불규칙적인 타원형의 고지로서 남북 약 550미터, 동서 약 270미터 크기이며 이 위에 창고와 무기고, 막사 유적을 찾아볼 수 있었는데, 여기 도달하려면 절벽을 꾸불꾸불 오르지 않으면 안 되었던 천혜의 요해임을 쉽게 알 수 있다. 요즈음은 관광객의 편의를 위해 케이블카가 설치되어 있

퐁 뒤 가르 수로 다리.

헤라클레스 신전은 훗날 교회로 사용되었다.

어 쉽게 올라가서 유적을 볼 수 있다.

이후 하드리아누스 황제 시절 123년, 유대인들은 또다시 무장항전하다가 패배한 후 로마 점령군에 의해 예루살렘에서 추방되면서 세계 도처에 유배되는 디아스포라(diaspora) 신세가 되었다.

로마제국은 기원전 4세기부터 기원후 4세기까지 여러 군데의 식민도시를 건설하면서 다수의 수도를 놓았다. 로마 시에는 지금도 지상에 교량 모양으로 놓은 수도가 11개나 되는데, 수원지로부터 최소 15킬로미터에서 70킬로미터 거리의 급수 유적이 남아 있다. 로마인들이 정복하거나 주둔한 곳은 도시로 발전하는데, 도시의 용수를 위해 방대한 수도를 건설하였다. 필자는 연전에 터키 이스탄불의 발렌스 수도교, 이스라엘의 카이세라 해변에 있는 카이세라 수도교 등을 답사한 바 있었지만, 독일에 와 보니 로마제국은 쾰른에 급수하기 위하여 아이펠(Eifel) 산지에서 수도를 끌어온 수도가 지금도 존재한다는 것에 새삼 놀랐다. 프랑스 남부 퐁 뒤 가르(Pont de Gard) 수도는 길이 300미터, 높이 50미터의 아치형 교량 수도로, 수원지에서 50킬로미터 떨어진 님(Nimes)까지 급수하기 위해 건설한 수도교는 로마 시대 것 중 최고로 꼽힌다.

로마 시 탐방

우리 내외는 밀라노, 베네치아, 피렌체 여행을 마치고 로마에 들렀다. 아주 짧은 로마 일정이어서 이번 로마

여행을 로마제국의 흔적에 초점을 맞추기로 하였다. 이탈리아는 로마제국이 멸망하고(476년) 1,500년 동안 교황령 또는 몇 개의 도시국가로 남아 있다가 19세기 후반에 이르러 하나의 통일국가로 탄생하였으므로 그 역사적 전개를 로마에서는 찾아볼 수 없었다. 우리는 밤에 도착하여 2박 후 아침 일찍 떠나는 일정이라 실제로는 하루밤에 시간이 없기 때문에 한국에서 출발하기 전에 미리 한국인 가이드가 안내하는 로마 시내 워킹 투어를 예약해 두었다.

모든 길은 로마로 통한다는 로마를 보기 위해 테르미니 역에 도착하였다. 로마 역은 넓었다. 우리가 내린 고속철도 홈인 5번 홈에서 동편 출구가 있는 27번 홈까지는 꽤 멀었다. 무려 1킬로미터 이상을 걸어야 하는 거리였다. 어둠이 깔린 이후 로마 역에 내린 우리는 만만한 택시 정류장이 보이지 않아 많은 인파 속을 비집고 걸어서 15분 정도(젊은 사람들의 걸음걸이었다) 소요된다는 스텔라 예약 호텔까지 걸어갔다. 로마에서 여행객이 자주 당하는 불상사에 대한 불안감을 안고 돌 박힌 울퉁불퉁한 길을 건너 30분 만에 한인이 경영하는 호텔을 찾아 들어갔다. 주어진 방은 4인용 도미토리였기 때문에 그리 좁지는 않았지만 아늑한 방도 아니었다. 우리는 이미 서울을 떠나온 지 보름이 넘는 나그네. 오랜만에 서울서 온 젊은 투숙객과 함께 게스트하우스가 제공하는 불고기와 김치 그리고 밥을 먹으니 여독이 풀리고 모처럼 느긋한 저녁을 보낼 수 있었다.

이튿날 아침 로마 가이드 투어를 위해 산타마리아 마조로 성당 앞으로 나갔다. 이날 우리가 찾아간 곳은 베네치아 광장, 포로 로마가 보이는 언덕 → 콜로세움 → 대전차 경기장 → 진실의 입을 볼 수 있는 교회 → 카타콤베 → 판테온 → 트레비 분수 → 스페인 계단을 둘러보는 코스였다. 바티칸 투어는 수년 전 바티칸을 잠깐 들러 본 일이 있어 생략하였다. 2천7백 년 전부터 발전하여 지금에 이른 로마의 역사 흔적은 역사의 중층만큼이나 무궁무진한데 하루 일정으로 로마를 본다는 것은 불가능하다.

로마제국은 117년경 트라야누스 황제 시절 최대의 판도를 가지다가 점차 쇠퇴기로 접어들었다. 동방으로부터 침투해 온 훈족에 시달렸다. 새로운 종교인 기독교가 전파되고 급기야 313년 콘스탄티누스가 이를 공인한 뒤 380년 로마제국의 국교가 되었다. 로마제국은 330년, 이탈리아를 수도로 하는 서로마제국과 콘스탄티노플(지금의 이스탄불)을 수도로 하는 동로마제국으로 갈라졌다가 서로마제국은 476년 게르만 민족의 침략을 받아 멸망한다. 한편 동로마제국은 1천 년 이상 존속하다가 1453년 오스만 터키의 침략을 받아 멸망한다. 기독교도 서로마제국에서 자리 잡은 기독교는 가톨릭교회로, 동로마제국은 동방정교로 각각 모습을 달리하여 전 유럽에 퍼진다.

로마는 그 어느 도시보다도 역사성이 넘쳐 나는 영원의 도시이다. 대로마제국의 제도였다가 5세기 말 로마제국(서로마)이 멸망한 후에는 가톨릭의 총본산이 되어 유럽의 정신세계를 지배하고 통치해 온 도시이다. 이탈리아반도 중심부의 교황이 지배하는 영지(領地)의 중심도시였으며, 근세에 이르러 르네상스 바로크 문화로 대표되는 문예부흥 시대에도 문화 활동의 중심지로서 빛나는 유적이 많이 남아 있는 역사도시이다. 그러다가 19세기 '이탈리아'라는 국가로 통일이 된 후에는 이 나라의 수도가 되었다.

맨 먼저 베네치아 광장을 둘러본 다음 로마의 역사가 그대로 보존된 로마 광장(이탈리아어는 Foro Romano-foro는 영어의 forum 즉, 公會場의 뜻이 된다)이었다. 역사유적공원으로 2천 수백 년 전의 모습으로 우리에게 나타났다. 포로 로마노는 원래 기원전 7세기 말 공화제였던 로마의 정치, 사법, 종교의 중심으로 공공의 건물이 즐비하게 들어섰던 곳이다. 로마 광장 자체의 위치는 시민들이 모이기 쉬운 위치여서 모든 정치 경제 생활 행위를 수행하는 데 가장 편리한 위치였을 것이다. 이곳에 신전, 바실리카(Basilica, 공공회관)가 들어서 있고 원로원, 집정관 및 의식이 치러지던 곳이 아니었는가. 이 영원의 도시 로마는 로마제국이 이민족의 침입을 맞을 때 파괴되었고, 제국이 멸망한 후 이렇게 폐허로 오늘에 이르렀다.

로마공회장, 작자 미상, 15세기 그림.

여기 2천 년이라는 세월을 이기고 아직도 남아 우뚝 서 있는 고대의 석축을 보면 당시 세계문명의 중심지를 실감할 듯하다. 포로 로마노 안내도를 손에 들고 다니면 지난 시대의 모습을 머리에 그려 넣기 어렵지 않다. 자료에 의하면 로마제국이 멸망 후에

포로 로마노 유적

도 11세기까지 성당, 수도원이 계속 세워졌었고, 16세기 이후에는 명문 가문의 별장이 들어섰다고 한다. 로마의 여타 지역은 초지가 되어 한때는 소의 방목도 했던 곳이라는데 시내 지명의 하나 '캄포 바키노(campo vaccino, 목우의 언덕)'에 나타난다.

포로 로마를 빠져나가면 로마를 상징하는 콜로세움이 나타난다. 콜로세움의 원명은 "안피티아트로 플라비오(Anfiteatro Flavio)", 즉 플라비오 황제가 창건한 원형극장이란 뜻이라 한다. 콜로세움은 '콜로소(Colosso)'라고 불리던 거대한 네로의 황금동상이 바로 앞에 서 있기 때문에 얻은 이름이다. 이탈리아어로 anfiteatro는 이중(二重)극장이란 뜻을 가지고 있다. 그리스식 극장은 대개 반원형이었는데 로마의 원형극장은 그리스 극장 두 개를 합쳐 놓은 것으로 이해할 수 있다. 극장은 4층으로 축조되어 있는데 이오니아식, 도리아식, 코린트식 기둥이 모두 채용되었다. 그리고 관중석은 사회계층 계급에 따라 지정된 층만 이용할 수 있었다고 한다. 콜로세움의 내부는 무대를 만들기 위한 석물로 가득 차 있다. 이 폐허가 된 거대한 원형극장을 바라보면서 옛날 이곳에서 일어났던 일을 상상하면 가슴 벅찬 감회를 느끼지 않을 수 없었다. 제국의 영토가 확장되어 들어오는 개선장군의 환영행사, 맹수들을 들여와서 자신 있는 검투사와 벌이는 인간과 동물의 격투, 때로는 죄수와 동물의 사투 광경, 또는 흘러간 명화 〈쿼바디스〉와 같은 기독교인들을 박해하면서 동물 앞에 몰아세우면서 갈채하는 관중의 모습이 이곳

콜로세움.

에서 모두 연출된 곳이 아닌가. 그러다가 기독교를 공식으로 허용한 콘스탄티누스 대제의 검투 금지령 이후 콜로세움은 이런 목적의 사용에 제한을 받기도 하였다. 로마 멸망 이후 이 거대한 석조건축은 중세에 이르러 석재 채취 대상이 되었다.

18세기 산업혁명 이후 유력자들의 해외여행이 늘어나면서, 유럽에서 고대문명을 살펴보려는 유명 인사들의 발길이 이탈리아로 몰려왔다. 그 가운데에 유명한 문인들도 많이 끼어 있었고, 이들은 보고 느낀 경험을 글로 남겨 놓았다. 독일의 문호 괴테는 로마문명을 흠모하여 1786년 1년 반 동안 이탈리아에 여행하면서 각지를 돌아다니고 『이탈리아 기행』이란 유명한 저서를 남겼다. 그는 기행문에서 "콜로세움을 보면 다른 것들은 모두 작게 보인다"라고 기술하고 있다. 대문호 찰스 디킨스는 1842년경 로마를 방문하고 그의 『미국여행 메모와 이탈리아에서의 그림(American Notes and Pictures from Italy)』에서 다음과 같이 콜로세움 방문기를 전하고 있다.

나는 밤에 콜로세움에 가 보았다. 밤을 지새우는 동안 콜로세움은 거대한 적막이 너무나 강력했다. 로마광장의 석주들과 개선문은 한때 황제들의 황궁이었지. 이곳 광장의, 폐허가 되어 잡초가 무성한 사원 터에도, 너무나 무겁고도 꼼짝하지 않는 그림자만 드리웠다. 콜로세움의 안으로 들어갔다. 가슴 벅찬 슬픔이 나를 엄습했다. 이 고백은 픽션이 아니라 명백하고 정직한 진실이다. 들어서자마자 무너져 없어진, 그러나 옛날엔 즐비하게 임립했을 거대한 석주들, 그 사이사이에 수천 명이 내려다보는 운동장에선 싸움과 경기가 이루어지면서 그때 일어났을 소용돌이와 흘린 피와 일어난 먼지가 자욱했을 광경을 떠올렸는데 지금 보이는 것은 예전에 지녔던 아름다움은 철저하게 무너진 적막한 광경뿐이다. 나는 장차 이런 슬프고 벅찬 감정을 다시 느낄 수 있을까 싶을 정도의 심경을 가지고 여기를 떠났다. 콜로세움의 무너진 돌무덤과 우거진 잡초 무덤을 걷어 내고 개수하면 얼마나 좋을까.

로마의 유적으로 로마 시대의 건물이 아직 남아 사용되고 있는 판테온을 빼놓을 수 없을 것이다. 로마제국이 한참 팽창하던 시절 넓은 지역을 지배하면서 그 지역의 많은 신앙종교를 그대로 수용하였다. 그 가운데서도 헬라 문화의 영향이 크게 작용하여 판테온과 베스타 신전을 비롯하여 많은 황제들의 기념건물이 아직도 로마에 존속한다. 판테온은 쉬운 말로 하면 만신전을 의미하는데, 완전한 형태로 남아 있는 유일한 로마 시대의 건물로서 기원전 27년 마르크스 아그리파(Msarcus Agrippa)가 건설하였고 기원후 128년 하드리아누스 황제가 개축하였는데, 7세기 교황 보니화기우스가 교회로 개조하였다. 건물의 전실인 '프로나오스(pronaos)'는 코린트식의 석주 16개 페디멘트(pediment, 서양식 건물의 전면 석주)가 삼각형의 박공을 받쳐 준다. 내부의 원형 건물 로톤다(원형의 홀)의 높이는 43미터, 높이와 같은 직경의 큐폴라로 덮여 있다. 바닥의 대부분은 건축 당시의 재료가 그대로 남아 있다고 한다. 2천 년 전에 이런 불후의 건축을 남겼고, 이것을 오랫동안 보존해 온 사람들에 대하여 경외감마저 들게 한다. 어렵사리 18세기에 그린 화가의 그림을 빌려 200년 전의 판테온의 분위기를 느껴 본다.

초겨울의 하루해는 빨리 지나갔다. 로마의 지하무덤이었던 카타콤베를 보고 나니 오후 3시를 가리킨다. 더 이상 걸어서 따라 다니기 힘들어서 여기서 같이 다니던 대오를 떠나 택시를 타고 성바울 대성당을 찾아가 둘러

판테온, 파니니 작품, 18세기.

보고 로마 일정을 마쳤다. 다음 날 아침 북부의 알프스 산록 티라노를 향해 떠나기로 되어 있었다. 로마의 풍경은 로마제국 시대의 것을 살펴보았는데, 그리스도교와 유럽을 말하려면 계속 나올 주제이므로 다음 주제 유럽과 그리스도로 이어 가려 한다.

3. 그리스도교 로마로 가다

이 책을 쓰면서 유럽을 걷자면, 그리고 이곳 사람들이 이룩한 문화경관을 걷자면 가는 곳마다 기독교적 문화와 전통에 부닥치지 않을 수 없다. 그리스도교가 유럽 땅에 들어와 뿌리를 내리고 완성되었다는 역사적 사실 때문이리라. 어느 곳을 가나 모두가 기독교 문화와 역사이다. 또 하나 특이한 것은 여러 나라들이 임립해 있으나 국경이 눈에 잘 보이지 않는다는 사실이다. 독립한 주권국가가 있으면서도 하나의 연방국가처럼 기능하는 EU(유럽국가연합, European Union)가 존재하기 때문이리라. 국경 없는 유럽이 하루아침에 생겼을까? 절대로 그렇지 못했음은 유럽의 역사지도를 보면 자명해진다. 지난 수천 년 사이 국경은 고무줄처럼 늘었다 줄었다를 반복했고, 있던 나라는 없어지고 없던 나라도 생겨났다. 숱한 인명과 재산의 피해를 겪었다. 오늘날 EU가 있게 된 배경에는 오랜 역사속의 각축, 특히 20세기 들어 두 번이나 세계대전을 치루면서 생긴 전쟁의 대한 반성에 그 근거를 둔다고 한다.

처음 그리스도교가 예루살렘에서 일어나 유럽으로 번지고 다시 근세에 들어 세계로 뻗어 나간 과정은 유럽의 역사 속에 스며들어 유럽의 한 부분이 되어 있는 현실을 보며 여행에서 돌아와서 어떠한 과정을 거쳐 기독교적 유럽이 만들어졌는가를 알아보고 싶어졌다.

다른 종교도 마찬가지이겠지만 그리스도교는 오랜 인고의 시대를 거쳤다. 1세기 중반 소아시아와 그리스를 거쳐 로마에 들어갔다.

예수가 처형된 후 예수의 부활을 체험한 믿음이 깊은 제자들을 중심으로 최초의 기독교 공동체, 즉 예수를 '그리스도'로 믿는 사람들이 생겨났다. 예루살렘을 중심으로 이 공동체가 점차 수를 넓혀 갔으며, 정기적인

유럽의 전원 풍경.

모임을 가지면서 신앙공동체로 발전한 것이 예루살렘 초대교회이다. 점차 믿는 신봉자들이 지중해안을 중심으로 늘어나갔다. 12제자들을 중심으로 한 예루살렘 교회에 이어 터키 남단에 바울이 주도하여 안디옥 교회가 생겨나게 된다. 기독교 복음을 가장 치열하게 전파한 사도는 바울이었다. 바울은 유대인은 물론 이단들에게도 전도하기 시작하였던 것이다. 그는 그래서 기독교의 세계적 종교로의 발돋움을 창시한 가장 중요한 성인이 되었다.

바울은 오랜 각고의 전도여행 끝에 소아시아(터키)와 로마에 전도하여 그리스도를 믿는 신자로 개종시키고, 로마에 뿌리 내리게 하여 그리스도교를 전 유럽의 보편적 종교로 변모시켰다. 내가 가 본 터키의 에베소, 그리스의 코린트, 그리스 아테네에 그의 전도 역정의 발자취는 생생하게 남아 있다. 아테네에 바울의 전도 흔적은 아크로폴리스에 남아 있는데, 그의 아레오파고스 설교는 바울의 전도 행적 중 가장 설득력 있는 강연으로 평가되고 있다. 그는 스토아 철학자들과 신앙에 대한 논쟁을 벌였다. 바울의 예수부활론을 믿기 어려웠던 그들은 바울에게 그의 신앙을 해명하라고 아레오파고스 언덕으로 데려갔다. 해명이 아니라 재판하기 위해서였다. 당시 이 야외언덕에서 살인, 방화와 같은 범죄에 대하여 재판을 행하던 곳이었던 것이다. 바울은 이 언덕에서 설교했다. "아테네 사람들아, 내가 너희들을 보니 범사에 종교성이 많도다. (그러나) 내가 두루 다니며 너희가 위

로마 베드로 대성당의 위용.

아레오파고스 언덕.

하는 것들을 보다가 '알지 못하는 신에게'라는 단서를 보았다. 그런즉, 내가 너희가 알지 못하고 위하는 그것을 내가 너희에게 알게 하리라."(사도행전 17장 16-23절) 그의 설교 후 많은 사람들이 그리스도를 믿게 되었다고 한다. 그중에 성인 디오니소스가 이때 감화되어 그리스도인이 되었고, 추후 그는 아테네의 수호성인으로 추대되었다. 바로 이 언덕에 디오니소스 교회가 세워졌는데, 1601년 지진으로 파괴되었다. 지금 아레오파고스 언덕에는 바울의 설교가 행해졌다는 동판 안내문이 바위 벽에 새겨져 있다.

예수 사후 수개월 사이 그리스도를 믿는 사람의 수는 많이 보아 수백 명이었는데 바울의 설교를 듣고 3천 명이 세례를 받았다는 사례가 성서(사도언행록 2장 41절)에 기록되어 있다. 바울은 원래 철저한 유대교 신봉자였다고 한다. 성서 연구자들에 의하면 그는 유대교 원리주의자로서 그리스도 신봉자에게 박해를 가하는 사람들 중의 한 사람이었다고 하는데, 그가 예루살렘으로 향하는 도중, 예수를 만나 감화되어 일생을 복음전도에 바쳤다. 바울 서신(letters)은 신약성경의 중요한 내용을 구성한다. 헨드릭 반 룸은 그의 저서 『이야기 성경』에서 "현대의 기독교 교회는 바울의 천재성이 남긴 기념비 같은 존재이다"라고 설명한다. 바울이 있었기에 기독교는 "유대교 안의 한 군소 지파 종교로 머물렀을 수도 있었던 것을 전 세계의 종교로 만들어졌다"는 것이다.

그리스도교가 지중해와 로마로 퍼져 나갈 무렵 유대인들은 기원후 70년 로마 지배에 대항하여 대규모 반란을 일으켰는데, 철저하게 진압되었다. 예루살렘 성은 무너졌다. 앞서 소개한 유대광야 마사다 유적(pp.42-43 참조)은 이때 항거하다 섬멸된 역사를 증거하는 곳이다. 반란이 진압된 후 유대인들은 유대 땅에서 뿌리째 추방되어 사방팔방으로 흩어지게 된다. 유대인의 대규모 디아스포라는 이때 일어난 것이다. 7만 명이 넘는 유대인 포로가 노예로 로마에 끌려가 콜로세움과 같은 건설공사에 강제노동에 이용되었다고 한다. 당시 로마제국의 인구 가운데 시민권을 갖은 사람은 20퍼센트뿐이고, 나머지는 인구는 전부 노예였다고 한다.

당시 로마제국은 로마 신들을 비롯하여 헬라의 신들을 섬기고 있었으며, 아우구스투스 초대 황제 시대부터 살아 있는 신(現人神)으로, 신들의 반열에 끼워 제국 각지에 황제를 제사하는 신전이 설립되어 있었다. 그런 가운데 그리스도 교도들은 여호와를 절대 유일신으로 믿고 로마의 신들이나 황제에 대한 예배를 거부함에 따라 지배 권력은 이들을 위험시하게 된다. 로마의 황제를 경배하지 않고 다른 신들을 인정하지 않는 이들은 통치와 치안의 위해한 존재가 되었을 것이다. 이들을 그냥 방치할 수 없었다. 로마 사람들은 오히려 그리스도 교인을 조롱하고 경멸했다. 그리스도 교인들은 가끔 검투나 맹수와 싸워야 하는 게임의 대상이었던 것을 영화에서 자주 목격한 일이다.

그런 가운데도 그리스도 신앙은 가난한 계층과 여자들을 중심으로 수용되어 지하로 스며들었다. 250여 년이 흘러 4세기 초에 이르면 로마 인구의 약 10퍼센트가 그리스도 교인이 되었고, 중근동에도 퍼져 나갔다. 그

카타콤베 지하예배실.

리스도 교인들은 지하묘지 카타콤베 같은 데서 예배를 보았다. 지금 로마에는 40여 군데, 연장 수백 킬로미터의 카타콤베가 존속하고 그중 일부는 관광객에게 공개되고 있다. 초기의 기독교인들이 이곳을 예배처로 이용하게 된 것은 당시 로마법 아래 지하묘지를 신성시하여 로마군대도 침입하지 않던 곳이어서 관헌의 단속을 피해 자유롭게 신앙생활을 할 수 있었기 때문이라고 한다. 수년 전에 터키 카파도키아에서 지하주거

카타콤베.

를 찾아가 본 기억을 떠올렸다. 카파도키아 데린구유에 고대 기독교인들이 주거 및 은신처로 사용하던 지하주거와는 성격은 달랐지만, 신앙생활을 영위하기 위해 지하에 스며들어 갔던 크리스천들의 초기의 인고를 가늠할 수 있는 유물이다. 크리스천들에 대한 박해가 가해졌던 콜로세움이나 전차경기장에서의 맹수를 풀어 사투하게 하면서 로마 사람들이 즐긴 잔혹한 집단가해심리의 현장이 유물로 남아 있어 로마 역사의 한 단면을 보여준다. 네로 황제는 기원후 64년 로마 시에서 일어난 큰 불을 기독교도를 박해하는 구실로 삼는 등 그는 기독교를 박해한 폭군으로 이름을 남겼다. 이때 바울, 베드로를 비롯한 사도와 많은 사제들이 순교했다고 그리스도교계는 믿고 있다. 사도 바울의 죽음에 대하여 성서에서는 아무런 언급이 없고, 세속역사에도 아무런 결정적인 사료가 남아 있지 아니하다. 하지만 그의 5차 복음전도 여행이 기원후 67년 끝난 것으로 보아 아마도 네로 황제로부터 로마 교외 남쪽 오스티안시스 지역에서 교수형으로 처형당한 것으로 추정한다. 사도 베드로도 거꾸로 매달린 십자가형에 처하여 순교한 것으로 믿고 있다.

로마를 탐방하던 날 로마 시대 유적 답사 마지막 일정으로 성바울 대성당을 찾아갔다. 넓은 푸른 공원 녹지에 자리 잡은 대성당의 정식 명칭은 '성곽 밖 성도 바울 바실리카(Basilica Papale di San Paolo fuori le Mura)'.

크기가 어마어마한 대형 건조물이었다. 기독교를 공인한 콘스탄티누스 대제가 공인 후 얼마 안 되어 바울이 처형당했던 장소에 거대한 기념성당을 건립한 것이라 한다. 로마 시대 건물은 1823년 실화로 성당이 거의 전소되어 다시 재건한 건물인데, 성당 입구에서 맨 뒤 반원형 애프스(apse, 후진, 後陣) 성상(聖像)이 있는 곳까지의 길이는 약 150미터, 건물의 폭은 80미터의 대형 바실리카 양식의 성당이다. 성바울 대성당에 측문 입구를

찾아 들어갔다. 가톨릭 성당으로 알고 있었는데 안에서 녹색의 개신교 사제 로브를 입은 네댓 명의 목사의 인도에 따라 수백 명의 크리스천들이 천양예배를 드리고 있는 중이었다. 아마 이 성당에서는 교파의 구별 없이 예배 찬양을 허용하고 있는 모양인 것 같았다. 사도 바울이 순교한 후 매장되었던 시신

로마 성밖 성바울 대성당.

바울의 참수 장면 조각화.

로마 바티칸 베드로 대성당.

을 발굴한 묘지가 성당 중앙 지하에 2미터가량 낮은 곳에 있었다. 지하에 관을 안치했던 자리를 유리로 덮어 묘를 그대로 노출시켜 관람하게 해놓았다.

　로마제국 통치하에 사도 바울과 사도 베드로를 처단하였음에도, 그리스도 신앙에 대하여 박해를 가함에도 그리스도를 믿는 사람들이 늘어나는 현상을 막을 수 없었다. 무엇이 사람들의 마음을 기독교로 끌어들였을까. 기독교의 메시지가 특히 서민 군중에게 대단히 강력한 유인요소가 되었다. 아무것도 배우지 못한 무학계층에게 진리에 이를 수 있는 계시와 도덕적으로 어렵지 않게 기독교인에게 주어지는 회개, 그리고 아무리 죄가 크더라도 그리스도를 믿고 회개하면 구원을 얻고 영생을 누린다는 설교의 힘이었다. 또 이러한 특전이 부와 신분에 관계없이 모든 사람에게 주어졌다는 데 이유를 찾을 수 있다. 기독교인들은 신과의 만남을 통해 고통스러운 이 세상에서 인내할 수 있는 가치관을 부여받았으며, 자신의 행한 행위에 따라 신 앞에서의 평등하다는 메시지를 들을 수 있었던 것이다. 이는 대단히 중요한 의미를 지니는데, 신 앞에서는 황제나 귀족이나 부자나 가난한 사람이나 노예나 평등하다는 것이기 때문이다. 혼란한 사회 정세 아래서 자주 일어나는 재해와 외적의 침입 등 앞날에 대한 불안감에서 마음의 평화를 얻을 수 있었고, 또 그리스도 교인들의 역병을 앓는 병자를 돌봐 주는 박애정신을 통하여 사람들의 마음을 끌었을 것이다. 그리고 제일 중요한 것은 유대 민족이란 민족적 한계를 넘어 종교적 신념을 같이

베드로 대성당 집례.

하는 사람들끼리의 공동체 의식과 귀속감도 사람들의 세계관에 자리 잡게 되었다.

　로마제국 치하에서 300년 동안 박해를 받고 지하에서 인고의 세월을 보내던 중 313년 콘스탄티누스 대제는 '밀라노 칙령'을 반포하여 기독교를 공인된 신앙으로 인정한다. 4세기 초 로마제국에 내전이 지속되는 가운데 4명의 황제가 분할 통치하는 시대에 등극한 콘스탄티누스 대제는 라이벌인 막센티우스 황제와 전투를 벌이는 가운데 밤중에 십자가의 환상을 보았다는데, 거기에는 "이 징표를 가지고 (싸우면) 정복하리라(In Hoc Signo Vinces-In this sign, you will conquer)"라는 메시지가 쓰여 있었다고 한다. 다음 날 그는 이를 가지고 막센티우스 군과 로마 근교 밀반 다리에서 싸워 이겼다. 이것은 후세 작가의 글에 나온 것이라 한다. 아마도 기독교 공인이 황제의 정치적 필요에 의해서 이루어진 것이 아닌가 싶은 생각이 든다.

　기독교의 확장이 하나의 대세로 자리 잡았을지도 모르는 상황에서 대세에 부응한 조치였고, 또한 그리스도교를 인정함으로써 로마제국의 통치에 유리한 국면을 조성하려는 정치적 계산도 깔려 있었지 않나 생각된다. 그 67년 후인 380년 로마의 국교가 되었다. 200여 년이 더 지나고 나면 600년경에는 다뉴브강과 라인강을 잇는 전 서유럽에 전파되어 유럽 대륙의 종교로 발돋움한다. 5세기 중반 로마는 동서로 갈라지고 476년 서로마가 망한다. 이탈리아반도는 4분5열되었고 알프스 이북은 지방 미개 민족에 손에 넘어갔다. 400년부터 600년 사이에 새로 등장한 게르만계 왕조가 전 지역을 장악한다. 이 사이에 그리스도교회는 서유럽 전체로 퍼져 나간 것이다.

로마 교회

로마제국에서 기독교 공인 후 그리스도 교계는 여러 가지 특전이 부여되었다. 사제에게 노역과 세금이 면제되고, 나라에서 국고를 들여 교회를 지어 주었다. 신약에 나오는 초대 교회는 사목(shepherd)과 장로(elders)가 교회를 다스렸던 것으로 나타나는데, 교회가 넓은 지역으로 퍼지고 신봉자 수도 늘어감에 따라 감독자로서의 비숍(bishop)이란 사제가 생겨났다. 비숍의 어원은 그리스어의 에피스코포(episcopos)라는 어휘에서 나온 말인데 '감독하는 자'의 뜻이다. 초기에는 선출에 의해 교회나 구역의 공동과제를 지도하였다고 한다. 비숍은 오늘날 가톨릭의 주교, 개신교는 감독으로 호칭되기도 한다. 교세가 커지면서 로마 교회는 제국의 행정조직을 교회의 조직으로 활용하여 지구단위로 주교 교구(주교좌, Cathedra)를 두었다. 주교의 관할구역이 지방행정구역과 거의 겹치는 제도가 된 것이다. 주교가 자리 잡은 곳의 성당을 'Cathedral(주교가 관장하는, 교구 내 중심성당)'이라 부르는 연유이기도 하다. 교회 내부에서 세속적인 계층성 조직이 생겨나서, 사제들의 서열을 정하고 피라미드형의 조직이 형성되어 갔다.

기원후 390년 테오도시우스 황제는 기독교를 국교로 선포했다. 후지사와 미치오는 그의 『이야기 이탈리아사』에서 배경을 이렇게 적고 있다. 이해 테살로니키에서 폭동이 일어났다. 제국이 강할 때 로마 시민에게는 '빵과 서커스'가 주어졌는데 경마경기장에서 폭동이 일어났다. 테오도시우스 황제는 이를 진압하라고 명하였다. 관군이 이를 진입하는 과정에서 시민 1만여 명이 살해되었다. 황제는 밀라노에 있었는데, 밀라노의 암브로시우스 주교는 너무나도 가혹한 폭동 진압으로 민심이 동요되고 있던 기회를 이용하여 황제 권력에 대하여 제재를 가하기로 마음먹었다. 황제가 미사를 드리기 위해 성당에 들어오는 길을 가로막고 일갈하였다. "폐하가 저지른 죄를 참회하지 아니하시면 교회에 들어가실 수 없습니다"라고. 황제는 속을 태우다가 수개월

성암브로시우스, 지오바니, 15세기, 뉴욕 MET 소장.

후 테살로니키 폭동진압을 자기비판하고 시민을 간단히 처벌하지 않겠다는 칙령을 발표하고 성당으로 들어갈 수 있게 되었다는 것이다. 현인신(顯人神)으로 숭앙받던 황제가 그리스도를 믿고 세례를 받고 나면 신 앞에 평등하다는 진리로 하나의 신자에 불과하다는 역사적인 의미를 지니는 사건이다. 사가들은 그리스도 교인들을 박해하던 제국황제의 굴욕으로 적고 있다. 이후 암브로시우스는 성인으로 추대되었고, 이를 기념하여 밀라노에서는 매년 12월 7일 '성암브로시우스 축제'를 개최하고 있는데 이날은 밀라노의 유명한 오페라좌 라스칼라의 시즌 개막일이기도 하다.

초기 그리스도교회는 다섯 군데 두각을 나타냈던 교회(로마, 안디옥, 알렉산드리아, 예루살렘, 콘스탄티노플 교회 등)의 주교들이 다스렸다. 교회는 각각 다른 교리 해석으로 혼선을 빚었다. 콘스탄티누스 대제 아래 기독교의 교리를 조정하려는 회의가 325년 니케아에서 열렸고, 유일신(하나님)에 대한 교리를 정립하면서 삼위일체(하나님과 예수 그리고 성령이 하나라는 것)의 교리를 주장한 로마 교회의 주장이 받아들여져 영향력이 커 갔다.

로마의 교회는 머지않아 유일한 보편적(universal) 교회가 되고 가톨릭(Catholic-그리스도의 정통 교의(教義)를 믿는 종교라는 뜻)교회라는 명칭을 얻게 된다. 여러 곳의 그리스도교회 가운데 로마 교회가 주도적 위치로 승격하였다. 로마 교회가 사도 베드로가 로마에서 순교한 성스러운 장소로서의 로마 교회의 우월성을 내세웠다. "내가 너를 베드로라 하고 그 위에 교회를 세우리라"라는 신약 구절을 인용하여 정통성을 주장하여 이를 관철시킨 것이다. 이후 로마의 주교는 서로마제국 안의 교무를 다스리는 로마 교황이 된다. 즉 로마 주교는 유럽이란 세계에서 공인된 영적 지도자로 자리매김한 것이다. 교회(베드로 대성당)는 이제 서유럽 전체의 영적 지도자일 뿐만 아니라 교회법에 근거한 독자의 재판권을 가지면서 세속 권력(국왕 또는 봉건제후)을 능가하는 보편적 권위(universal authority)가 되어 갔다. 가톨릭(Catholic)이란 원래 보편적, 포용적이란 의미였는데 단어 첫머리를 대문자로 고유명사화하여 '전 그리스도교계'의 뜻으로 전화(轉化)되었다.

로마 교회가 가톨릭이라는 명칭을 얻는 과정과 교파 간의 상충되는 교리는 문제가 발생할 때마다 황제도 모인 가운데 추기경 회의(공의회, conclave)를 열어 교리 해석과 정립을 행하여 왔는데, 동방정교회와 완전히 결별할 때(1054년)까지 여러 번의 공의회를 개최하였다. 간추려 보면, 제1차 니케아 공의회(325년)에서 '하느님의 아들'로서 예수는 태초부터 존재했던 것이 아닌 피조물이라는 아리우스 주의를 배격하고 니케아 신경을 작성하였다. 에페소스 공의회(431년)에서는 사람으로서의 예수와 신으로서의 예수를 구분한 네스토리안 주의를 배격하였다. 칼케돈 공의회(451년)는 예수는 완전한 하느님이며, 사람이라는 칼케돈 신조를 선포하였다. 제2차 콘스탄티노폴리스 공의회(553년)에서 기존 공의회 결정들을 재확인하고 아리안 주의, 네스토리안 주의를 정죄하였다. 제3차 콘스탄티노폴리스 공의회(680-681년)에서 그리스도는 사람과 신으로서의 뜻이 다 있었다고 결정하였다.

이러는 과정에서 교황의 지위가 강화되었다. 로마 교회가 지배하는 서유럽에서 교황의 정치적 지위가 강화되고 교황의 신격화 움직임도 나타났다. 이탈리아반도에 한동안 뚜렷한 군주가 없는 공백 상태에서 롬바르드족이 북부를 지배하고 뒤이어 프랑크왕국이 나타나기 전까지의 일이다.

1. 교황과 제왕들

기원후 400년부터 600년 사이에 게르만 민족의 대이동이 일어나 새로 등장한 게르만계 세력이 알프스 이북의 중부 유럽을 지배하면서 동·서로마제국으로 분리되었던 서로마제국의 영토는 변방 미개 민족에게 빼앗기게 된다. 476년 서로마제국은 멸망하고 이후 이탈리아반도에는 강력하고 뚜렷한 지배왕권이 없이 몇 개의 영주와 교회가 지배하는 지역으로 분할되었다. 알프스 넘어 게르만족은 힘이 커져 자주 이탈리아반도까지 침공해 왔고, 남으로 대이동을 시작하여 6세기 게르만 민족의 일파인 롬바르드족이 랑고바르드제국을 세워 이탈리아반도를 지배하게 된다. 지금 밀라노 주변의 주 이름 '롬바르디아'는 여기서 유래하는 역사적 사실과 무관하지 않다. 이런 관점에서 보면 이탈리아 사람들은 크게 북부에 게르만 민족이 그리고 남부에는 그리스 계통의 민족이 이룬 나라라고 볼 수 있다.

그리스도교회는 로마제국 지배 시 제국이 담당했던 행정기능을 맡게 된다. 교회가 포교뿐만 아니라 통치역할을 담당하게 된 것이다. 로마주교는 장차 교황이 되고, 이미 제국의 관료조직을 채택했던 교회의 조직은 강력한 힘을 지니게 되었다. 지방에서 국가권력을 행사하던 다수의 호족과 지배층이 교회를 자신들의 기득권적 체제를 보장하는 하나의 제도로 받아들이기 시작했다. 또한 군대나 통치조직에서 일거리를 찾지 못한 젊은 층이 교회에서 자신들의 욕구나 이념을 실현할 길을 찾은 것도 하나의 원인이다. 15세기 오랜 중세를 벗어나 르네상스 기운이 일어날 무렵 중부 이탈리아반도의 지배 권력인 봉건제후가 그들의 영지(領地)를 교황과 대주교에게 기증하면서 로마 가톨릭교회에는 교황령, 대주교령이 생겼다. 이탈리아 내 넓은 직할 교회영토를 가지게 된 것이다. 그러나 교회 권력은 자주 세속 권력과 우열을 다투는 갈등의 사례가 종종 발생한다.

사를마뉴 대제 대관식.

　8세기부터 카롤링거 왕조의 피핀왕은 이탈리아의 랑고바르드를 토벌하고, 교황에게 이탈리아 라벤나 지방을 기증하였다. 이 대가로 로마 교황청은 피핀의 자손의 왕위 계승권을 보증한다. 피핀왕은 이베리아반도를 점령하고 8세기 초 프랑스로 북상하는 이슬람의 침공을 막는 데 성공한다. 리옹, 톨로스, 프로방스 지방에는 이슬람의 침공을 저지한 전적지가 있다. 만약이라는 가정하의 이야기이지만, 그때 프랑크왕국이 무슬림 침공을 저지하지 못하였더라면, 오늘날 유럽의 지도는 기독교가 아닌 이슬람 세계가 되어 있었을지도 모른다. 프랑크왕국의 덕분에 지금 유럽 통합이 가능했다는 논리가 성립하는 것이다. 카로링거 왕조 덕분에 유럽 전역에 그리스도교가 전파되고 유럽인들의 정신적 세계를 지배하여 오늘날까지 내려오고 있다고 해도 좋을 것이다. 샤를마뉴 대제 사후(814년) 프랑크제국은 3명의 아들에게 분할 상속하여 동·서프랑크로 나뉘었다. 곧 이어 동프랑크는 교황의 인준을 받아 신성로마제국의 명칭을 얻어 1천 년 동안 지속한다.

11세기에 이르러 가톨릭 교황과 세속의 왕권이 격돌한다. 신성로마제국(독일)의 하인리히 황제(1056-1106년 재위)는 독일지역의 교회 사제 임명권을 둘러싸고 그레고리우스 교황과 갈등을 빚기 시작했다. 1075년 작센 반란을 진압한 하인리히 황제가 밀라노 대주교를 임명하게 되자 양방은 격하게 대립했다. 교황이 임명을 철회하지 않으면 폐위하겠다는 서신을 보내자 하인리히는 교황을 폐위한다. 교황도 공회의를 통해 하인리히를 파문한다. 독일의 황제 반대파들의 비난이 쏟아지고 사제들의 동요가 일어나면서 불리한 상황에 몰리게 되었다. 하인리히는 이듬해 2월 교황이 머물던 카노사(Canossa)로 가서 성문 앞에서 애원하며 파문을 취소해 달라고 빈다. 아무리 제왕이라 하더라도 교회로부터의 파문은 당시로서는 극형과 마찬가지이다. 교회로부터 제적당하면 저 사람은 기독교의 나라의 제왕이 아니라는 선언이 되며, 개인으로서는 결혼식도 장례식도 임종 시에 성유 의식도 받을 수 없게 되고, 영혼 구제의 길이 없어진다. 사가들은 이를 '카노사의 굴욕'으로 적는다. 독일의 반대파 제후들과의 전쟁이 일어났다. 하인리히가 승리하자 이번에는 교황을 폐위하고 클레멘스 교황을 옹립한다. 이런 교권과 세속권력 사이의 투쟁은 50년 동안 지속되다가 1272년 교황과 황제와의 타협이 이루어져 일단 해소되었지만 여파는 다른 나라로 확대하여 갔다. 지금 이탈리아 북부의 카노사에는 유적으로 주춧돌 몇 개만 남아 있다고 한다.

이후에도 교황과 세속 제왕 간의 권력투쟁은 계속되었다. 로마 교황청이 로마에서 아비뇽으로 옮겨 1309년부터 1377년까지 머무른 시기가 있었다. 이때는 프랑스왕국의 힘이 세어 로마까지 진격하여 들어가서 교황을 프랑스 아비뇽으로 모셔 왔다. 사가들은 이를 '아비뇽 유수(幽囚)'라고도 부른다. 고대 유대인의 바빌론 유수에 빗대어 쓰인 표현이다.(제6장 남프랑스 풍경 참조)

아비뇽 교황청.

2. 십자군 원정

투르크족이 발흥하여 서진하다가 드디어 셀주크 왕조를 세우고 11세기 중엽 오늘날 이라크의 수도인 바그다드를 점령하면서 이슬람제국이 중동에서의 맹주가 되고 동로마제국을 위협하게 되었다. 11세기부터 13세기까지 중동에서 위세를 떨치던 이슬람 국가가 약해진 틈을 타서, 교황 우르반 2세는 이교도 투르크를 팔레스타인 성지에서 몰아내고 비잔틴(훗날 동방정교회로 발전함)을 로마 교회의 통합할 절호의 기회라고 생각하여 십자군을 구성하여 파견할 것을 제창하였다. 이슬람의 소아시아 지속적인 점령은 그리스도 세계의 불명예이고 이슬람과의 전쟁은 성전으로, 이 성전에서 전사하는 사람은 모두 천국에서 큰 보상을 받은 것이라고 설파하였다. 그리하여 동족 간에 벌이던 투쟁을 종식시키고 칼을 들고 성지로 향하라고 호소하였다. 서유럽 가톨릭 국가들은 교황의 성지 예루살렘을 탈환, 호소에 부응하여 모두 8차례에 걸쳐 '십자군'을 원정 파견하여 예루살렘을 탈환하고 기독교 국가를 세운다.

1099년 로마 가톨릭 국가들은 십자군을 편성하여 그리스도의 땅을 이슬람으로부터 탈환한다는 명목으로 이슬람 나라 지배 아래 있는 예루살렘을 침공했다. 서유럽 제후들이 참가한 십자군 원정은 처음 순수한 열정으로 시작하였지만 횟수를 거듭하면서 정치적·경제적 의도를 품은 채 침공하여 원래의 순수함이 무너지는 모습을 보였다. 파병한 영주들은 지배욕과 경제적 이득을 추구함에 따라 본래의 목표는 뒤로하고 영토와 재물의 약탈과 살육으로 얼룩진 전쟁을 하였다. 제4차 십자군 파병은 성지 탈환이 아니라 콘스탄티노플의 비잔틴제국(동로마제국)을 함락시키고 그곳에 라틴제국을 세우는 기독교 국가 간의 전쟁이 되었다.(p.125 도시국가 베네치아 참조)

벨리니, 베네치아 산마르코스 광장의 행진, 15세기.

　예루살렘은 7세기 이후 이슬람에게 점령되어 이슬람에게도 같은 성지가 되었다. 종교적 갈등이 일어났다. 더불어 예수와 관련된 유적이 훼손되게 되었다. 이런 배경에서 동로마제국을 지배하던 시대에는 물론이었겠지만, 제1차 십자군전쟁 때 세운 친가톨릭 왕조는 이스라엘 땅 도처에 많은 기독교 유적을 세웠다. 유럽에서 순례자들이 지속적으로 찾아왔다. 성지순례는 유럽에서 종교개혁이 일어나기 전까지 이어지는데, 신앙심 깊고 돈 있는 유럽인들에게 일생 한 번은 가 보고 싶은 성지로 여겨져서 매년 수백 명씩 목숨을 걸고 유럽인들의 순례가 이루어졌다고 한다. 성지순례를 하고 오면 가톨릭교회에서 죄를 사하는 면죄부를 준 것도 이유 중의 하나라고 한다.

　오늘날 우리가 목도하는 이스라엘 내의 그리스도교 유산이 그때 대대적으로 세워진 것이다.

　순례자들이 목격하는 예수가 처형된 골고다 언덕의 성묘교회(Church of Holy Sepulcher), 승천교회, 겟세마

예루살렘 고성

네 동산의 예수 마지막 기도처에 세워진 만국교회 등 거의 대부분 십자군 원정 시대에 세워진 것이라 한다. 예수가 십자가를 메고 올라간 '고난의 길(via Dolorosa)'은 좁은 골목에 팔레스타인 상인들의 상점이 가득 메워 기념품을 팔려는 장사꾼의 외침이 소란스럽다. 반면, 오늘의 예루살렘 성곽은 비잔틴제국이 쓰러지고(1392) 이집트의 맘루크 왕조의 지배를 받아 오다가 오스만 터키제국이 점령(1516)한 후 건설된 것이라 한다. 오스만 터키제국은 비교적으로 종교적 관용정책을 썼다. 이스탄불에 블루 모스크는 콘스탄티누스 시절에 지은 것이지만 오스만 제국 때 헐지 않고 모스크로 쓰다가 터키공화국이 된 다음 박물관으로 개조, 공개하고 있다.

이와 같이 역사가 바뀌는 과정에서 예루살렘 성 한가운데는 유대교가 아닌 이슬람의 사원이 차지하고 있으나 성안은 유대교, 기독교 그리고 이슬람교 모두의 성지가 되어 있다.

결과적으로 십자군 원정이 실패하게 되면서 십자군 파병을 주도해 온 교황권과 교황 지지 세력이 크게 손상을 입게 되었다. 교황과 지지세력들이 약해졌다는 것은 기독교를 중심의 정치적 통합이 허물어지기 시작했다는 것을 의미한다. 서서히 유럽의 각 나라들은 그들의 왕권을 강화하면서 중세의 해체 징후를 보게 되는 것이다.

한편 오랜 동안의 십자군 원정은 유럽의 기사계급의 병폐를 가져오고 종내는 몰락을 가져오면서, 봉건 영주들의 힘이 약화되고 농민계급은 점차 부를 축적해 자립하는 농민의 출현을 도왔다. 봉건 영주의 상대적 지위 저하로 국왕은 중앙집권화를 진전시켰고, 훗날 이는 절대왕정 출현의 단서가 된다. 다른 한편 십자군 원정은 당시 선진의 이슬람 문화가 유럽에 흘러 들어오는 계기가 되어 르네상스 문화에 자극제와 자양제가 되었다고 한다. 또한 전쟁에 의한 교류는 이슬람과 나아가 동방과의 교역을 촉진시켜 훗날 오게 되는 대항해 시대의 전초가 되었다.

유대교, 기독교, 이슬람이 공존하는 예루살렘.

3. 중세도시와 교회건축

중세도시의 발전

유럽에서는 10세기 후반에 들어 농업 생산이 향상되어 식량을 비롯하여 생활의 여유가 생기기 시작했다. 농기구의 개량으로 식량 생산이 늘어나면서 봉건사회 경제의 변화가 일어났다. 식량 공급의 확대는 인구의 증가를 가져왔고, 이들은 중소도시로 집중되기 시작한다. 더불어 수공업이 발달하고 이를 교역하는 상업 활동이 일어났다. 인구가 밀집한 도시가 불어나기 시작하였다. 도시의 발전에 있어 크게 기여한 것은 수도원이 한 몫했다. 수도원은 원래 자급자족하기 위해 한 것이지만, 농업기술을 개발하고 생산량을 증가시켜 이를 도시에 유통시킨 것이다. 도시는 이런 잉여농산물의 물물교환의 장으로 교역이 활발하게 일어났다.

제후들이 통치를 하거나 전쟁을 벌이려면 인력과 재정이 뒷받침되어야 한다. 제후가 통치의 본고장으로 자리 잡은 곳에 도시를 발전시켜 갔는데, 각지의 영주들 사이의 끊임없는 경쟁과 전쟁의 결과로, 그리고 제후들 사이의 정략적 결혼 정책의 결과로 영지의 병합이 일어나면서 대형의 제후 즉 군주가 나타난다.

한편 도시에서 수공업과 먼 거리를 오가는 상업 활동이 활발하게 전개되기 시작했다. 수공업과 교역으로 부를 축적한 도시 부호는 세력이 점점 커지자 군주들에게 청원하여 도시의 자치권을 요구한다. 이렇게 발전한 도시의 사례는 한자동맹에서 볼 수 있는데, 북해에서의 활발하게 전개된 교역의 결과로 도시 사이에 동맹이 형성되어 자치도시로서 발전한 사례가 된다.

기독교는 건축과 도시 발전에 막중한 영향을 끼쳤다. 주교좌(主教座)가 있는 곳마다 그리고 규모가 큰 제후가 있는 곳마다 도시가 들어서 발전했다. 주교가 있는 곳은 거대한 성당이 들어서 기독교가 형성한 경관

중세도시 시에나.

중세도시 피렌체 성곽.

이 유럽에 가득하게 되었다. 유럽을 여행하다 보면 도시에는 대성당이, 전원이나 산속에는 수도원이 자리를 차지하고 있음을 발견한다. 그러나 유럽의 도시는 자연과 조화를 이루어 아름답다. 중세도시의 미는 현대 도시와 비교하여 어디서 나오는 것일까. 도시란 원래 인간이 한군데 모여 살기 위해 취락을 만든 것이므로 규모의 차이는 있을지언정 인위적인 자연의 파괴가 아닌가. 그러나 중세의 유럽의 도시를 가면 아름다움을 느끼는 것은 도시의 건물이나 건조물을 짓는 데 있어 경사진 지붕을 얹고 주변과 조화되는 색깔로 통일하며 건물의 높이를 인간적인 스케일로 제한하면서도 스카이라인을 맞춰 놓은 데서 오는 것이 아닌가 생각해 본다.

교회건축

유럽 어디를 가나 교회건축은 도시의 중심지에 자리 잡고 있다. 그리고 유럽 건축문화의 중심을 이루고 있다. 유럽에서 지금 관광명소로 되어 있는 건조물은 대개 5세기 이전에 지은 것이든가 11세기 이후에 지은 것이라고 한다. 중세는 암흑기라고도 하는데, 정치적인 정체기였기 때문에 이렇다 할 훌륭한 건축을 해낼 수 없었던 시기였다는 것이다. 다만 예외적으로 프랑크제국 시대의 건축이 독일에 현존하는 아헨 대성당이다. 이 성당은 세계유산 등재 제도가 생긴 후 맨 처음 세계유산으로 등재 지정된 문화유산이기도 하다. 게르만족의 대이동이 끝나고 중부 유럽에 정착하여 안정되었고, 정치 경제적으로 발전하여 갔다. 종교적으로 그리스도교를 받아들이면서 경제적인 힘을 바탕으로 11세기부터 서유럽 전역에서 새롭게 교회건축이 유행하였다.

도심지의 중심을 이루는 성당은 장엄하다. 건축기술과 건축에 대한 사람들의 생각이 발전함에 따라 시대를 달리하는 건축양식이 나타났다. 성당은 신을 섬기는 사람들의 마음이 표출된 대표적인 서양건축이라 할 수 있다. 유럽 사람들이 건축에 가지는 마음을 들여다볼 수 있는 글이 있다. 건축은 신에게 바치는 경외심에서 출발하였는데, 사람들이 세월이 흘러 근세에 이르면 건축은 교양 있는 사람이 자신의 긍지를 느끼고 희열을 느끼는 대상으로 바뀌었던 것이다. 서양 건축보존론 선구자 존 러스킨은 건축으로부터 받는 감동을 다음 네 가지로

시내에 우뚝 선 파도바 대성당과 시가.

설명한다.(졸저, 『오늘의 문화유산 보존과 활용』, 시간의 물레, 2013, p.11 참고)

교양 있는 사람은 훌륭한 건축과 조우했을 때 네 가지의 감동을 느낀다. 첫째는 감상적인 감동으로, 여행자가 손에 횃불을 들고 성당에 들어섰을 때, 어둠 속에서 성가대의 찬송이 들려올 때, 대부분의 사람들은 감동을 느낀다. 또한 달빛 아래 폐허가 된 수도원을 찾아갔을 때 혹은 자기 자신이 흥미를 가지고 있던 건축을 찾아갔을 때에 느끼는 감동이 이것이다. 두 번째는 자랑스러운 감동인데, 대부분의 사람들이 감상자로서 외견상 완성된 큰 건물 앞에 섰을 때 건축으로부터 얻는 위엄으로 감동과 희열을 느끼는 것이다. 다음 세 번째 감동은, 훌륭하고 정교한 적석과 건축의 선과 질감 또는 조형(造型) 장식에서 조화 있는 비율(proportion)을 느꼈을 때 얻는 감동이다. 마지막은 예술적 감동을 느낄 때이다. 건축의 벽면 장식이나 주두(柱頭)의 조각, 회화를 감상할 때 얻는 감동이다.

그리스도교회가 국교가 된 직후 로마제국에서는 많은 신전이 나라에 의하여 강제적으로 접수되어 교회 건물로 변조하였다. 로마에서 볼 수 있는 판테온 신전이 바로 그 예이다. 파리에 노트르담 대성당은 원래 그리스로마 신 주피터의 신전이었다. 이교의 신전을 접수하는 일은 두 가지 효과를 지녔다. 첫째는 사람들에게 이교의 몰락과 그리스도교 세상이 되었다는 사실을 강력하게 인식시킬 수 있었다는 것이며, 로마 신전의 위치가 도시의 중심지에 있어 교회로서의 입지로서 더 이상 좋을 수 없었다는 사실일 것이다. 판테온은 로마인들이 그리스인들의 건축양식을 발전시킨 현존하면서 사용하는 가장 오래된 건물이다.

성당 건축의 백미는 로마 베드로 대성당으로, 로마 천주교의 총본산이다. 로마제국이 무너지고 베드로가 순교한 자리에 베드로 대성당이 자리 잡은 후 6세기경 로마 교황의 자리가 확고해지자 성당을 확대 증축하여 교황의 본거로 삼았다. 원래 성당은 324년 콘스탄티누스 대제가 바티칸 언덕에 그의 순교를 기념하여 창건하였는데, 지금의 성당은 미켈란젤로가 주임건축가로 1546년부터 공사를 시작하여 1626년 완공되었다. 대성당의 면적은 약 2만 2천 제곱미터에 6만 명 이상 수용할 수 있는 세계 최대의 기독교 건축이다. 원추형의 큐폴라(cupola, 원개, 圓蓋)는 높이 142미터, 직경은 42미터의 크기를 자랑한다. 성베드로 광장은 베르니니가 설계하여 1667년 완공하였다 하는데, 광장은 폭이 200미터에 이르는 규모이며 양편에 반원형 회랑으로 둘러싸여 있고, 모두 284개의 도리아식 원주(圓柱) 위에 140여 개의 성인의 상이 조각되어 있다. 성당 안에는 십자가에서 내려온 그리스도를 안고 있는 미켈란젤로의 '피에타'가 순례자들의 경외심을 불러일으킨다. 로마 교황에게 걸맞은 거대 교회당으로 그 장엄함에 놀라고, 내부에 들어서면 성화와 조각으로 가득 차서 성당 건축 중에 최고의 예술적 가치를 지니고 있다. 기독교 건축으로 유네스코 세계문화유산으로 등재되어 있다. 베드로 대성당이 바로 바티칸 시이다. 바티칸은 로마 시에 작은 면적을 차지하고 있는, 현재 이탈리아 안에 있지만 이탈리아라는 국가의 주권이 미치지 않으며 해외에 교황청 대사관(Apostolic Nunciature)을 117개국에 파견하고 있

로마 베드로 대성당 광장.

는 독립국이며 천주교의 총본산인 것이다.

　건축을 공부하지 않는 나로서는 건축양식을 논할 때마다 주눅이 드는 것 같았다. 그러나 이번 고대 중세도시 여행에는 반드시 그 양식의 주된 특징이라도 알아야 교회건축이나 역사적 건물을 보더라도 이해할 수 있을 것 같았다. 도판설명이 있는 책을 읽었지만 아직도 잘은 모르겠다. 짧은 실력이나마 기본적인 특징만 소개한다. 서유럽의 교회나 공공건물의 건축양식은 시대순으로 바실리카식, 로마네스크식, 고딕식, 르네상스식, 바로크식으로 발전하여 갔다. 이 중에 로마네스크식, 고딕식의 건축은 알프스 북쪽 유럽에서 발전된 양식이다. 바실리카 양식은 로마인들이 그리스의 스토아식 전통을 이어받은 건축양식이라 한다. 그리스인들은 광장에 폭이 좁고 긴 주랑(柱廊) 건물을 지었는데, 뒤는 벽이고 전면은 광장에 개방된 것들이었다. 바실리카 양식은 그리스 고대 아고라(대중집회 장소)의 바실레우스(Βασιλεύς; Basiléus, 왕의 집무하는 장소)

바티칸 박물관 회랑.

에서 유래한다고 하는데, 로마제국이 건축양식을 들여와 공공의 건물을 짓는 데 이 양식을 적용하여 로마 공공건물로 사용하였다. 그렇지만 바실리카 신전은 많은 사람을 참집시키는 데 제한적이었다. 이래서 신전을 허물고 집회장으로서 로마 시대 바실리카를 짓기 시작한다. 로마인들은 이를 'ㄷ'자형 건물의 중정에 지붕을 덮었다. 그러나 낮은 지붕은 내부를 어둡게 하므로 내부에 벽을 세우고 옆에 창문을 낸 것이 바실리카 양식의 건물이다. 이런 양식의 전통은 유럽에서 1천 년 이상 지속되어 왔다.

　로마인들은 열주(列柱)를 'ㄷ'자형으로 확대 발전시켜 측랑(aisle)으로 하고 중정에 높은 지붕을 씌워 신자 구역(nave)을 만든 건축구조로서 내측에 반원형 제단(apse)을 추가하여 초기의 로마 교회 양식이 되었다. 건물에 아치와 원통 볼트(vault)가 채용된 안정되고 중후한 느낌을 주는 건축 스타일인데 쉽게 이런 스타일을 알아볼 수 있는 특색은 외벽 장식을 블라인드 아치(blind arch)를 쓴 것이라고 한다. 블라인드는 '맹목(盲目)'이라는 의미로 아치의 뒤가 벽으로 메워진 것을 가리킨다. 주교가 있는 교회를 캐시드럴(Cathedral, 대성당)이라고 불렀는데 대성당에는 넓은 회당을 지나 맨 안쪽에 반원형 공간에 제단과 주교좌를 두었는데 가톨릭교회에서 지금까지 그 전통이 이어져 오고 있다. 4세기 말에 세운 로마의 '성벽 밖 성바울 대성당'이 후세 증개축은 있었다 하더라도 바실리카의 기본형을 유지하고 있다고 건축전문가는 해설한다. 바실리카 형 본당 앞에 네모난 전정(前庭, atrium)도 갖추었다.

로마네스크 양식의 건축은 독일, 프랑스, 스페인에 많이 지어졌다. 서울 성공회 대성당도 후기 로마네스크 양식으로 분류된다. 로마네스크식 교회를 더 높게 더 크게 지으려는 의도가 한계에 다다랐다. 로마네스크 건축은 아치 폭을 넓힐 수 없었고 높은 건물도 지을 수 없었기 때문이다. 게르만 민족이 자기 스타일의 건축양식을 개발한 고딕식 양식으로 이를 해결하였다. 이런 제약을 해결하기 위해 아치 간격은 그대로 둔 채 높은 기둥을 세워 아치를 만들고 원형이 아닌 첨두형 아치 즉 V를 거꾸로 놓은 듯한 모양으로 바꾸어 천장을 높였다. 처음으로 벽을 쌓아 올려 생기는 석재의 무게를 가벼운 유리로 대체함으로써 벽재의 무게를 줄였다. 이어 양 벽에 걸리는 횡압력 부하는 버트레스(buttress, 버팀벽·부벽)을 쌓아 해결하는 것이다. 즉 버트레스를 옆으로 쌓아 무너지는 위험성을

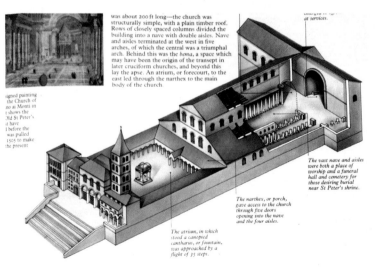

가톨릭 대성당의 구조.

86

고딕 양식의 쾰른 대성당. ⓒ Velvet.

방지했다. 나는 몇 년 전 이런 버트레스 건축의 실례로, 태풍이 강한 필리핀의 성당 건축에서 건물이 비와 강풍으로 넘어지는 것을 방지할 목적으로 축조한 버트레스를 또 올리는 것을 보고 버트레스의 용도를 이해하였다.

맨 처음 고딕식으로 건축된 교회는 1137년 세운 프랑스 파리 북방의 생드니 수도원의 교회 건물이었는데 곧 유럽에 퍼져 나가서 이후 3백 년 동안 교회건축의 주류를 이루었다. 이런 양식의 대표적인 성당이 파리의 노트르담 대성당과 쾰른 대성당 그리고 밀라노 대성당을 꼽을 수 있다. 고딕 양식의 대성당에 들어가면 천정으로 높이 솟아오른 돌기둥이 정연하게 늘어서 있어 하늘까지 치솟아 있는 느낌을 준다. 그래서 교회건축의 장엄성을 안겨 주었다. 고딕 양식이란 고딕(Gothic) 민족의 건축이란 뜻이 포함되어 있는데, 이는 이탈리아 예술가들이 북방 '야만'족인 고트족의 양식이란 비하 개념도 포함되어 있는 것으로 해석되는 부분이다. 대다수의 건축이 하늘 높이 치솟는 느낌을 자아내게 하는 고딕식 스타일로 옮겨간다. 그리스도 교리를 자기 것으로 완전히 소화한 게르만 민족은 독자적인 스타일의 건축을 내놓았고, 고전적인 로마식 건축과 맞먹는 양식으로 발돋움했다.

이어지는 유럽 건축의 변화는 알프스 남쪽 지중해 지역으로 분류되는 이탈리아에서 생겨난 르네상스 양식과 바로크 양식을 꼽을 수 있을 것이다. 르네상스 양식의 건축은 뒤에 나오는 중부 이탈리아 피렌체 항목에서 살펴보기로 한다. 다만 바로크 양식의 건축은 로마에서 발원하였고, 일어난 동기는 종교개혁운동에 대한 반동으로 가톨릭 교회건축에 화려한 장식과 다수의 회화 설치, 빛과 그림자의 연출 등 스펙터클한 교회를 연출하는 양식을 가리킨다. 르네상스식 양식은 이탈리아에서 시작되어 고딕 양식을 정면으로 부정하는 데서 출발한다. 르네상스식 건축은 피렌체 두오모 돔을 건축한 브르넬레스키가 창시한 건축양식으로 알려져 있다. 그는 두오모 돔을 건축하면서 고대로마 건축양식을 본받아 간소한 가운데 정연하고 균형감 있는 건축미를 재현하였던 것이다. 이런 건축양식에 관해서는 '피렌체'(p.164)를 참조하길 바란다. 르네상스 건축은 곧 알프스를 넘어 북부 유럽에서도 많이 채용되었다.

바로크 양식은 르네상스 양식의 연장선에서 발달한 양식임이 통설이다. 바로크(Baroque)라는 뜻은 '일그러진 진주'라는 의미인데 정연하고 명쾌한 르네상스 양식이 식상해질 무렵 등장한 양식으로 "일부러 조화를 흐트러뜨리고 약동적인 동선을 표현하려는 양식이다. 바로크 양식은 이탈리아에서 탄생하여 유럽 전역에 번져 나갔지만 18세기 후반 우아한 고전양식으로 회귀하자는 인식이 태동하여 고전주의로 회복한다.

수도원과 대학

수도원은 독특한 유럽 문화경관 중에 하나다. 중세 교회가 타락하고 속화하였을 때 수도원은 이를 정화하는 기능을 수행하였다. 교회는 귀족과 평민의 일상의 거의 전부를 관장하면서 거대조직으로 확정되어 갔다. 이를 탐탁하게 생각하지 않는 성직자와 지식인이 생겨났다. 더러는 세속화되는 세상에서 떠나 격리된 환경에서 수행하며 생활하려는 신앙 위주의 생활이 늘어났다. 그리스도교의 금욕주의 교리는 사람들이 사는 도시와 마을에서 떨어진 곳에 신앙의 은거지를 두고 수도하려는 사람들이 생겨나기 시작한 것이었다. 수도하는 사람이 늘고 고승의 가르침을 받으려는 수도자가 찾아들면서 수도원 공동체가 생긴다. 수도원은 훗날 유럽 문화에 커다란 영향을 미친다. 고대 그리스와 로마의 고전문화와 중세 기독교문화를 지나 르네상스를 거치면서 역사상 가장 지성이 융성한 시대를 맞이하는데, 동력은 수도원의 지식보급 기능, 대성당에 설치된 학교, 그리고 13세기부터 유럽 여러 곳에 시작된 대학이 그것이다.

　　수도승을 monk라고 부른다. 라틴어의 monachus에서 유래한 단어인데 원래는 혼자서 고독하게 산다(one who lives alone)는 의미로 은거 수도사를 가리켰다. 이는 본래 그리스도교의 금욕사상에서 싹튼 것이며, 현세의 삶과 가치를 상대적인 것으로 하는 성서의 가르침을 실현하는 것이다. 수도승으로서 공동으로 생활하는 제도가 생기기 시작하였다. 수도승들은 외부로부터 엄격하게 격리된 곳에 공동으로 의식과 예배를 같이하며 입는 것과 먹는 것을 위해 같이 노동하여 균일한 생활을 영위하는 것이다. 그러나 세상과 떨어진 곳에 설치되었던 수도원은 수도승의 교육—지식의 축적과 보급에 중세사회의 발전을 물질적으로 뒷받침한 중요한 제도로서 공헌한 바가 매우 컸다.

기독교의 전파와 함께 세속에서 독립하여 스스로 노동하며 묵상하는 수도원들이 유럽 곳곳에 들어섰다. 서유럽에서는 베네딕트가 530년 몬테카시노에 수도원을 만든 이후 많은 수도원이 세워졌다. 그러나 시간이 지남에 따라 수도원은 봉건제도의 일부가 되어 자체의 영지를 가진 권력기구로 변해 가기도 한다. 각지의 군주는 수도원에 봉토를 하사하는 대신 수도원장의 임명권을 행사하여 교회를 자신의 영향 아래 두는 사례도 있었다. 910년 설립된 클뤼니 수도원은 베네딕트회의 엄한 계율을 따르는 교황 직속의 수도원이 되었다.

그리스정교 수도원, 불가리아 플로브티브.

두오모와 그라치에 교회.

기독교가 국교가 된 이후 기독교 주교들은 종교적 가르침을 설파하고 성직을 맡을 사제를 양성하기 위해 자신들의 성당 근처에 학교를 설립하였다. 그리하여 대성당 학교와 수도원은 고대문화를 보존하는 데 중요한 역할을 담당하였다. 이런 시설에는 도서관을 짓고 문서와 전적을 보관하였으며 경전을 복사하는 필사실(scriptorium)을 두어 수도승으로 하여금 경전을 필사하게 하였다. 고대와 중세 시기를 통하여 해외에 유학을 간다는 것은 고승을 찾아 높은 지식을 전수받는 것뿐만 아니라 희귀한 경전의 필사작업이 중요한 교육의 하나였던 것이다. 이런 것을 처음으로 조직적으로 시작한 것이 샤를마뉴 대제의 프랑크제국이었던 것으로 나타난다. 그리고 이런 필사 경전은 중세 유럽에서 작성된, 손으로 쓴 기독교 관련 문서로 학문과 문화의 위대한 유산으로 남게 되었다.

'예수회(Society of Jesus)'는 이 무렵 생긴 행동하는 수도회이다. 스페인 귀족 이냐시오 로욜라와 프란치스코 하비에르가 6명의 동료들과 함께 청빈, 정결, 복종, 구원에 헌신할 것을 서원하고 군대식 조직과 엄격한 규율로 무장한 이들은 1534년 가톨릭 교황의 승인을 얻어 예수회라는 수도회를 세웠다. 마침 종교개혁운동을 펼치는 분위기 속에서 가톨릭교회를 다시 부흥시키기 위해 예수회의 젊은 수도사들은 독일에서 일어난 종교전쟁(30년 전쟁)에 교황청의 선봉으로 참여했고, 남미에도 파견되어 무력에 뒤따라가서 전도하였다. 그러나 이들의 과격한 행동은 프랑스를 포함한 여러 나라에서 비난을 받으면서 1773년 해산되었다가 1814년 재생하게 된다. 예수회 설립에 참여한 한 사람, 프란치스코 하비에르 신부는 1549년 최초로 일본에 기독교를 전파했다. 일본 야마구치(山口)와 히라도(平戶)에 그의 기념교회가 세워져 있다. 이후 예수회는 세계 여러 나라에 학교를 세우고 성경을 전파하는 일에 전념하여 오늘에 이른다. 우리나라의 서강대학은 예수회가 세운 대학이며, 1980년대 나온 〈미션(Mission)〉은 예수회 신부의 전도 활동을 영화화한 작품이다.

수도원에서 생활하는 데 필요한 식량과 물품을 생산해야 하므로 중세의 수도원은 많은 농토를 가지게 되었다. 한편, 사회·경제적 측면에서 수도원은 중세 도시의 하나의 중요한 생성요인을 제공한다. 기독교의 전파와 함께 세속에서 독립하여 스스로 노동하며 묵상하는 수도원들이 유럽 곳곳에 들어서 사회가 불안정하고 혼란스러웠던 유럽세계에서 높은 교육을 받으면서 안정된 생활을 이어갈 수 있었던 것이다. 수도원 자체가 식량을 생산하기 위해 농지를 개간하여 자급자족하였을 뿐만 아니라 광대한 농지의 소유주가 되어 잉여농산물을 시장에 공급하면서 농업경제와 도시 형성에 기여한 바도 매우 크다는 것은 앞서도 말한 바 있다.

유럽 도처의 수도원 중엔 시내와 격리된 곳에 있는 수도원도 있지만 도심지 내에서 도시의 일부를 구성하는 수도원도 허다하다. 유럽 여행 중에 수도원 생활을 경험할 기회가 없었다. 그래서 우리 부부는 국내에 돌아와 왜관에 있는 베네딕트 수도원에서 천주교 신자가 하는 피정 체험 기회를 갖기로 하였다. 수도원의 원생은 2개월 동안 시험기간을 거쳐 선발되고 이어 6개월 동안의 수행 생활을 거친 다음 정규의 원생이 되는데 원장의 철저한 통제 아래 공동생활을 하면서 일생을 보내야만 한다. 하루 몇 시간씩 기도하며 각자 맡은 분야에서 6-7시간의 노동을 하는 것을 목격할 수 있었다.

4. 루터의 비텐베르크

14세기 말부터 15세기 초에 이르러 유럽의 일부 신학자들이 가톨릭교회의 가르침에 대하여 의문을 가지기 시작했다. 그 배경은 희랍어로 된 성서와 초대교회 시절 사상가 아우구스티누스 저서의 번역본의 대량 전파 시기와 거의 일치한다. 이 시기 구텐베르크의 인쇄기술이 보급되어 성경의 보급이 대량으로 이루어졌기 때문이다. 성경은 그때까지 손으로 베껴 쓴 필사본이 주류였고, 그나마 그리스어 아니면 라틴어로 되어 있어서 교육을 받은 소수 사제의 독점물이었다. 대다수의 사람들은 문맹이었다. 중세 초기까지 유럽에서 유학이라 함은 멀리 저명한 신학자 문하생으로 들어가서 성서와 고전을 필사하는 것이 유학의 방법이었던 것이다. 이러던 상황에 구텐베르크의 신기술을 적용하여 성서와 고전을 영어, 불어, 독일어로 찍어 내었기 때문에 성경이 소수의 독점물이던 시대는 지나갔던 것이다. 가톨릭교회 건물 안에 많은 회화와 성상은 그런 문맹이 많던 시대의 유물일지도 모른다. 실제로 나는 루마니아 트란실바니아 지방의 정교회 건물에 그려진 프레스코 벽화에서 성경 이야기를 그려 넣은 것을 보았는데, 벽화가 생긴 연유가 다름 아닌 글을 모르는 신자로 하여금 성경 이야기를 알려주기 위함이란 설명을 들었다.(졸저, 『세계의 역사마을 3』, 눈빛출판사, 2013, p.40)

개신교(改新敎, Protestantism)가 종교개혁으로 말미암아 로마 가톨릭교회에서 분리되어 나왔다. 16세기 초 독일 신학자 겸 사제였던 마틴 루터와 프랑스의 장 칼뱅 등이 종교개혁운동을 주도하였다. 2014년 말 이탈리아 여행을 마치고 마틴 루터의 종교개혁운동과 관련된 유적이 온존되어 있는 독일의 세 군데 유네스코 등재 세계문화유산을 답사하고자, 비텐베르크와 아이제나흐(Eisenach)에 있는 바르트부르크 성에 있는 루터의 유적과 유산을 찾아가 보았다.

바르트부르크 성내.

루터의 초상화.

독일의 늦가을은 우리나라보다도 짧고 어둠이 빨리 깃드는 것 같다. 우리 내외는 바르트부르크 성을 거쳐 저녁 5시 반경 비텐베르크에 도착하였다. 이미 어둠이 짙은 다음이다. 자유여행객으로 이 지역을 처음 찾은 우리는 시가지가 가까운 역에 내리는 것이 호텔을 찾아가는 데 유리하리라고 생각하고 알트슈타트(Old City) 역에 내렸다. 역무원도 없고 역에 있을 만한 상점도 하나 없는, 지방의 조그만 역이다. 택시도 보이지 않고 인기척도 없다. 가방을 끌고 조금 걸어가다가 길 옆에 차를 주차하는 부인에게 호텔로 가는 길을 물었다. 부인은 길을 가르쳐 주려다가 어두운 가로등에 비친 우리 내외의 나이를 대략 짐작했는지, 여기서 그 호텔까지는 한참 걸어야 한다면서 자기 차에 태워다 호텔까지 데려다주는 것이 아닌가. 참으로 고마운 독일 사람을 만난 행운이었다.

우리가 머문 호텔에서 몇 집 건너 루터기념관이 있었다. 이 기념관은 루터의 집이면서 직장이었으니 여기에서 루터는 1508년부터 35년간 생애의 중요한 부분을 보냈다. 비텐베르크의 루터기념관은 종교개혁에 관한 유물과 자료를 전시한 곳으로는 세계 최대 규모라고 한다. 여기서 유물을 관람하면서 사진을 찍고 자료를 구한 다음 기념관 관람을 끝내고 비텐베르크 시가지를 걸었다. 루터기념관과 루터 반박문을 게재한 성당은 시가지 양 끝에 1킬로미터 거리를 두고 떨어져 있다. 수백 년 된 유서 깊은 시가지를 걸었다. 지방 고도의 분위기를 느껴 본다. 연도에는 지식인 학자의 고택, 비텐베르크의 중심광장, 그리고 '95개 논제'라는 방을 붙인 비텐베르크 성인교회(All Saints, 또는 Schlosskirche으로 불림)까지 걸었다. 이 교회는 비텐베르크 대학에 속한 교회였다 하니, 500년 이상 된 중세 독일의 문화수준을 가늠할 수 있는 증거가 여기 있는 게 아닌가 느껴진다. 시청광장에 오래된 시장이 지금도 선다고 한다. 루터는 이곳에서 살면서 교회에서 설교하고 대학에서 신학을 강의하였다.

루터가 봉직했던 비텐베르크의 오래된 교회.

'95개 논제'를 부쳤던 성인교회 옆문.

루터는 1517년 10월 31일 비텐베르크 대학 교회인 만인성자교회 입구에 로마 가톨릭교회를 비판하는, 흔히 95개의 반박문으로 불리는 「면죄부에 대한 논제(Disputatio pro declaratione virtutis indulgentiarum, 면죄부의 능력과 효험에 관한 공개논제)」를 측문(현재 이 문은 'Thesis door' '논제를 붙인 문'이라고 부름)에 게재하였다. 그의 논제는 세 가지의 '오로지(sola=only)'로 구원을 얻을 수 있다고 주장하였다. 즉 "오로지 예수를 통해서, 오직 성경을 통해서, 그리고 오로지 신앙으로만 구원을 얻을 수 있다"라는 것이었다. 이 세 가지 '오로지'는 이후 개신교와 천주교의 차이의 기준이 된다.

　　그의 주장은 인간이 올바른 길을 가고 있느냐의 판단은 그 신앙이 두터운지 아닌지 여부를 판단해야 하며, 여기서 중요한 것은 외형적인 의식(儀式)이 아니라 신앙의 원점인 성서에 있는 것이었다. 의식은 인간의 구원에 필요불가결하다는 가톨릭교회의 교리와 관행을 비판한 것이다. 당시 교구에서 강매하던 면죄부(indulgence)를 포함하여 교회의 운영 전반에 대하여 비판을 가하는 것이었다. 루터는 돈으로 산 면죄부로 인간의 죄를 사함 받거나 경감 받을 수 없다면서, "교황이 주는 면죄부로 죄가 사함을 받는 것이 아니다. 예수의 가르침도 그러하지 아니하다"라고 주장했다. 또 로마 교황이 있는 베드로 대성당 건축에 면죄부 판매로 얻은 수익이 들어간다면서, "그리스도교계의 모든 수입이 끝없이 (교황의) 바실리카(교황이 있는 베드로 대성당을 말함)에 빨려 들어가고 있다. 우리 독일 사람들에게 성베드로 대성당 예배는 참여할 수 있는 곳이 아니다. 우리 사는 근처의 예배처를 짓고 가꾸어야 할 것이 아닌가. 교황청은 세계 제일 부자인데 자신의 돈으로 지어야 할 것이다"라고 주장했다. 또한, 면죄부를 삼으로써 미래를 안심할 수 있다고 한다면 사람들은 그릇된 안도감을 불러일으켜 오히려 해악을 끼치게 된다고 주장하였던 것이다. 즉 구원을 저해한다고 주장하였다. 그의 주장은 성경만이 가장 중요한 기독교의 교리의 근원이며, 구원은 선행으로써가 아니라 믿음으로 이룰 수 있다고 하였다. 결국 이런 교리와 가르침은 훗날 천주교와 개신교를 구분하는 핵심적 가치가 된다. '95개 논제'는 이 밖에도 가톨릭교회를 다각도로 비판하였다고 하는데, 교황은 오류를 범할 수 없다는 로마 가톨릭 교리를 정면 부정한 루터의 반박문은 당시로서는 너무나 상상할 수 없는 가톨릭교회에 대한 도전이었다.

　　'95개 논제' 발표 후 1521년 보름스(Worms) 회의에서 황제 칼 5세로부터 논제의 철회를 요청받았다. 이 자

독일 작센안할트 주 비텐베르크에 있는 루터 하우스.

리에서 루터는 자기의 주장 철회를 거부하면서 그는 "나는 여기 있다. 나는 달리 될 수 없다(Hier stehe ich, ich kann night anders)"라며 황제의 요구를 거부하였다고 한다. 루터는 결국 가톨릭에서 파문되었고 빌헬름 황제는 루터를 법의 보호로부터 박탈하였는데 다행히 작센(Saxen) 선제후 프레드리히가 보호해 주어 바르트부르크 성에 은신시켰다는 것이다. 그리하여 루터는 마음 놓고 피신 생활 중에 라틴어 성서를 독일어로 번역하는 작업을 할 수 있었던 것이다. 수년 후 그는 에푸르트의 바르트부르크 성에서 독일어로 성경을 번역하여 펴냈다. 위키미디어는 종교혁명을 가리켜 글을 깨우친 민중(literacy)과 새로운 인쇄기술(printing press)의 승리였다

루터가 썼던 책상.

1521년 독일 보름스에서 열린 루터에 대한 재판.

고 적고 있다. 15세기 중반 발명된 구텐베르크의 금속활자 활판인쇄 기술의 보급으로 성경이 라틴어 이외 영어, 독일어 등으로 번역되는 현상은 참으로 커다란 지식혁명을 불러왔다. 다시 말하면 성경은 오직 라틴어로만 그것도 필사본 또는 목판본으로 존재하였는데, 구텐베르크가 성경을 펴내고 얼마 안 되어 온 독일에 보급되어 성직자들의 독점물이던 성경은 글을 아는 누구나 읽을 수 있게 되었던 것이다. 루터가 번역한 독일어로 널리 보급된 성경은 또한 지방마다 달랐던 수없이 많았던 방언에서 하나의 통일된 독일어의 탄생을 보게 하였고, 이는 나아가서 독일이라는 국가의 탄생으로까지 이르게 한 역사적 대사건이 아닐 수 없다. 루터와 칼뱅 등의 종교개혁운동으로 독일에서 루터교, 스위스와 프랑스에는 칼뱅교, 영국에서는 감리교, 장로교 운동이 일어났고 영국에서 종교의 자유를 찾아 이민한 청교도들은 미국 건국의 밑거름이 된다.

　루터의 가톨릭교회에의 공격은 뜻하지 않는 방향으로 전개되었다. 가톨릭교회 체제에 억압 같은 것을 느끼고 있던 여러 사회계층은 루터의 주장을 지지하면서 종교개혁운동은 하나의 국민운동으로 변모하여 갔다. 하지만 하나의 통일전선을 형성하지는 못하고 제후는 제후대로, 기사계급, 농민층이 각각 움직였다. 1524년 독일 각처에서 루터의 주장을 지지하면서 지배층에 저항하는 농민봉기가 일어났는데, 결실을 보지는 못했다. 너무 오래 도그마에 묻혀 약체화된 가톨릭 교회의 권위, 부패한 사제들, 그리고 유럽 여러 나라에서 발흥하는 왕권, 문예부흥으로 개회되는 새로운 추세에 덧붙여, 때마침 일어난 독일 농민의 반란까지 일어나 요원의 불처럼 확대되어 나갔다. 유럽 각지에서 일어난 종교개혁운동으로 개신교의 탄생을 보게 된다. 개신교의 명칭은, 독일에서는 복음주의(evangelicalism) 교회로 표현되고 있다. 영미에서는 가톨릭에 대한 항변을 의미하는 프로테스탄티즘(Protestantism)로, 우리나라에서는 그저 개신교(reformed religion)로 표현하는데 개신교라는 명칭이 적절한지는 의문이다. 오늘날 전 세계적으로 가톨릭과 개신교 신도 수는 각각 10억 내외로 비슷한 것으로 집계된다. 그러나 개신교는 여러 형식으로 수많은 교파로 분파되어 갔기 때문에 교파 수는 얼마나 되는지 잘 모른다. 독일의 경우 북부 여러 주에는 루터란 교회가 주류를 이루고 남부 여러 주에는 가톨릭교가 대세를 이루고 있다. 루터의 방을 붙인 교회도 루터란 교회이다.

그 후 가톨릭교회와 개신교 사이의 갈등은 30년 전쟁으로 확대되어 갔다. 1618년부터 1648년까지 있었던 30년 전쟁은 신성로마제국을 중심으로 벌어진 개신교와 로마 가톨릭 간의 종교전쟁이자, 신성로마제국과 영국, 프랑스, 덴마크, 스웨덴, 스페인, 교황청 등의 이해관계가 얽힌, 복잡한 성격의 국제전이다. 30년 전쟁의 결과, 독일 지역은 초토화되었다. 그리고 1648년에 들어 베스트팔렌 조약으로 30년 전쟁이 끝나고 각 제후와 국왕은 자신이 통치하는 지역 내에서 로마 가톨릭, 루터교, 칼뱅주의 개혁교회 가운데 하나를 자기 영토 안의 종교로 선택할 수 있게 되었다. 종교개혁이 완결되고 신구교가 서로 인정하는 계기가 이때이며, 로마 가톨릭이 더 이상 유럽 나라 내의 종교에 대해 참견할 수 없다는 것을 의미하는 계기가 되었다. 그리고 유럽 각국은 이후 절대군주 국가의 길을 걷게 된다. 국가라는 개념도, 국민이라는 개념도 이때 생기게 된다.

내가 방문했을 때 루터 유적은 루터 반박문 500주년(2017)을 기념하기 위하여 가는 곳마다 대대적인 수리 공사를 하고 있었다. 수리공사로 인한 가림막으로 인하여 제대로 된 교회 외관을 이미지로 담을 수 없었던 것은 나의 불운이었다.

Ⅲ. 북이탈리아 풍경

1. 밀라노

첫 번째 방문지인 밀라노에서 2박하면서 그라치에 수도원/성당을 방문하고, 다음은 밀라노 두오모 대성당과 그 옆에 있는 유명한 아케이드 갈레리아(Galleria Vittorio Emanuele II), 라스칼라좌 오페라극장, 스포르체스코 성(Castello Sforzesco)을 순방하였다. 시내에 아직 운행하고 있는 전차를 타고 그라치에 성당으로 향했다.

그라치에 성당 부설 수도원은 역사상 가장 널리 알려진 불후의 명작 레오나르도 다빈치의 〈최후의 만찬〉을 소장하고 있어 밀라노를 찾는 관광객이 다수 찾아오는 명소이다. 성화를 보려면 미리 입장권을 구입해야 입장할 수 있는데, 매 15분마다 20명으로 제한하고 있다. 순번을 기다려 안내원이 인도하는 대로 어두운 통로를 지나 수도원 식당으로 들어갔다. 어두운 조명에 비친 〈최후의 만찬〉 그림(폭 8.8미터, 높이 4.6미터) 위에는 스포르체스코 가문의 문장이 그려진 반원형의 루네트

〈예수의 십자가 처형〉, 몬토르파노, 1497.

〈최후의 만찬〉. 위, 레오나르도 다빈치, 1498. 아래, 지오바니 리졸리, 1520.

(lunette, 아치형 채광창(vault)−지붕과 벽이 접촉된 곳에 만든 반원형 공간)가 세 개 보였다. 반대의 벽에는 몬토르파노(Montorfano)가 1497년에 그렸다는 예수의 십자가 처형이 걸려 있다. 15분 이상 머무를 수 없는 제한이 있어 다빈치가 담아내려고 한 예수의 최후의 만찬은 길었던 과정 가운데 어느 순간을 담아내려고 하였을까 마음속으로 생각해 보았다. 등장인물을 하나하나 보기 시작하였다.

다빈치는 예수가 열두 제자 중에 나를 배반할 제자가 하나 있다고 설명하는 순간을 그려 내려 하였다. 제작에 앞서 그는 열두 제자의 개성 있는 반응을 묘사하기 위해 제자들의 고뇌와 놀람의 모습을 연구하여 이를 노트에 수록하였다. 이를 토대로 그림 속에 나타난 열두 제자의 모습을 실감나게 묘사하였다. 예수의 손은 유다로 보이는 제자의 손이 향한 그릇으로 향하는 모습이 그려져 있었고, 베드로는 머릿짓을 하며 예수에게 다그치는 것 같고, 매우 화가 난 모습으로 그의 오른손에는 칼을 쥐고 있는 모습을 그려 놓았다. 예수 오른쪽 옆의 또 다른 세 명의 제자는 도마, 화난 얼굴에다 약지를 올린 모습을 보이고 양손을 들어 벌린 모습이고, 예수에게 더 성명을 요구하는 모습이다.

다빈치의 성화는 500년 동안의 풍상을 겪으면서 여러 번 인위적 멸실의 위기를 겪고 자연 퇴화의 과정을 거쳐 오늘에 이르렀다. 그림을 자세히 보면 예수의 발은 보이질 않는데, 이는 18세기 프랑스 나폴레옹의 이탈리아 침략 시 점령군이 밀라노를 일시 점거하면서 주둔했던 프랑스 군대가 벽화 바로 밑에 출입문을 내는 폭거를 저질러 문틀로 인하여 예수의 발을 없애 버렸기 때문이라 한다.

다빈치는 1495년부터 3년 동안 작업하면서 프레스코 그림을 통상적 방법인 젖은 석고 칠을 하지 않고 벽을 우선 석고로 바르고 마른 벽에 템페라 화법(안료와 계란 노른자위를 섞어 칠하는 기법)을 채택하여 마른 표면에 그려 넣었다고 한다. 다시 말하면 전통 프레스코 기법이 아닌 다빈치가 고안한 화법을 채택하였던 것이다. 작품이 완성되고 난 지 얼마 안 된 1517년부터 조각이 일어나기 시작하였다. 연구심이 왕성했던 다빈치가 왜 검증되지 않았던 건식 화법을 채용하였는지도 수수께끼다. 어떤 이는 그림의 퇴화현상을 가리켜 '화가' 다빈치가 그린 불후의 명작을 '과학자' 다빈치가 망쳤다고도 한다.

그래서 여러 번 복원 작업이 실시되었다. 첫 번째 복원 작업은 미켈란젤로 베로티에 의해 1726년 진행되었다. 그는 없어진 부분을 오일 페인팅으로 메운 다음 바니시로 전체의 작품을 마감하였다. 그 후 200년 동안 몇 차례의 복원 작업을 시도하여 왔는데, 만족스런 복원 작업이 되질 못하였다. 원인은 건식 템페라 화법을 채용한 사실을 후세의 수복전문가들이 충분히 이해하지 못한 데서 비롯된 것이 아닌가 하고 추측한다.

그러나 작품은 15세기 이후부터 여러 차례의 복원 작업을 진행하면서 세간의 관심을 모았다. 제2차 세계대전이 끝날 무렵 1943년에는 연합국의 밀라노 폭격으로 교회와 수도원이 피해를 입었는데 다행히 작품은 모래주머니 보호막 덕분에 폭탄 파편으로부터 보호되었다고 한다. 전후 1951년 작품의 청소와 안정화 작업이 진행되었지만 계속 퇴화가 진행되었다. 그리하여 1978년부터 20년 동안 대대적인 복원 작업과 안정화 작업이 이루어졌다. 복원은 먼저 작품의 본디 모습을 파악하기 위하여 과학적인 실험과 조사를 병행하였다. 우선 페인팅에 묻은 때와 오염물질을 걷어 내고 다시 18세기부터 19세기에 걸쳐 가해진 여러 겹의 수리층을 제거하는 작업을 진행하였다. 원작 위에 칠한 몇 번의 재도색이 원작의 색의 수명을 연장시켰는지도 모른다. 그리고는 작품이 걸린 장소를 외부로부터 폐쇄하기 위해 벽면의 창을 막아 버리고 항온항습 시스템을 도입하였다.

다행스러웠던 것은 1520년 지오바니 피에트로 리졸리가 다빈치의 작품을 그대로 모사한 작품이 온전하게 남아 있었기에 빼놓을 수 없는 참고자료가 되었다고 한다. 모사작품은 유화였기에 퇴화되지 않은 채 고스란히 런던의 왕실미술학원에 보존되어 있었다. 덕분에 퇴화하여 없어진 부분과 문을 내면서 없어진 예수의 다리 부분을 복원할 수 있었다고 한다.

그럼에도 불구하고 레오나르도 다빈치의 벽화 〈최후의 만찬〉은 이탈리아 르네상스의 최고의 걸작인 동시에 기독교미술의 가장 유명한 작품 중 하나로, 예수 그리스도의 마지막 날 장면을 보여주는 최고의 예술 작품으로 자리 잡았다. 시대적으로도 다빈치의 그림보다 수십 년 앞선 것이 있기는 하지만, 또 피렌체에 가면 르네상스 시대에 다른 여러 작가들이 그린 〈최후의 만찬〉 프레스코 그림 투어가 있기는 하지만, 다빈치의 그림처럼 주목을 받은 것은 찾아볼 수 없었다.

이런 배경을 종합하여 유네스코는 1980년 산타마리아 성당과 수도원 그리고 〈최후의 만찬〉 벽화를 세계문화유산 기준 i와 ii에 속하는 세계유산으로 등재하여 보존하기로 하였다. 인류의 창조 능력으로 말미암은 대표적 걸작이며, 르네상스 시대의 건축, 기술, 예술 그리고 조경의 발달에 대한 중요한 흐름을 보여준다는 것이 그 이유다.

우리는 뒤이어 두오모 대성당을 보러 갔다. 이탈리아에서는 흔하지 않은 고딕식의 첨탑들이 하늘을 찌른다. 첨탑이 모두 135개 된다나? 드넓은 광장에 서서 보니 600년이라는 성상을 겪은 건축과 같은 느낌은 나질 않는다. 나중에 본 베니치아나 피렌체의 대성당과 확실히 구별되는 압권이다. 기독교가 당시 사회에 어떠한 위치를 차지하고 있었던가를 짐작할 수 있다. 알프스 북쪽의 게르만족이 발전시킨 양식이라는 점에서 이탈리아에 있는 이 고딕 건축은 묘한 느낌을 준다. 아마 롬바르드족(랑고바르드족이라고도 함)의 후예이기 때문일까? 광장에 비둘기와 사람이 거의 같은 수로 광장은 북적였다. 안으로 들어가서 사람들의 순서를 따라 한 번 돌아본 다음 옆의 백화점 7층에 가면 두오모 성당의 고딕 양식의 뾰족한 첨탑들이 잘 보인다고 하여 그쪽으로 이동하여 7층 높이에서 사진을 찍을 수 있었다. 옥상으로 걸어 올라가면 더 멋진 사진을 얻을 수 있었으나 나는 젊은 사람들을 따라서 할 수 없는 형편임에 포기하였다. 뒤이어 우리 일행은 걸어서 얼마 멀지 않은 시

밀라노 두오모 성당

가지 중심지에 우뚝 선 스포르체스코 성으로 향하였다.

　로마가 밀라노를 점령하여 영토화한 것은 기원전 222년이었는데 서기 292년경에는 로마제국의 사실상의 수도가 되어 바야흐로 발흥하는 그리스도교의 중심지가 되었다. 313년에는 기독교를 로마제국에서 공인하는 '밀라노 칙령'을 발포하는 역사적인 영예를 안게 된다. 이때 처음으로 로마 교회의 주교로서 임명되는 사제가 암브로스 성인이었다. 그는 그리스도교가 확실하게 자리를 잡게 되고 황제들도 세례를 받은 교인이 되자, 천하를 통치하던 테오도시우스 황제에게 로마 황제의 군대가 테살로니키 지방에서 일어난 폭동을 가혹하게 진압하여 시민 1만여 명이 살해되었고, 이로 인해 민심이 동요되고 있던 것을 기회로 황제의 미사 참석을 거부한 사건으로 유명하다. 그는 성당 앞에서 "폐하가 저지른 죄를 참회하지 아니하시면 교회에 들어가실 수 없습니다"라고 황제를 막았다. 황제는 자기비판한 이후 시민 처벌을 신중하게 하겠다는 칙령을 발표하였고, 그 후 성당으로 들어갈 수 있게 되었다는 것이다. 암브로스 주교는 그 후 도시의 수호성인으로 추대되었고, 12월 7일을 밀라노의 기념 공휴일로 지정되어 내려오고 있다고 한다.

　스포르체스코 성은 평지에 건설한 육중한 성벽이 우리를 압도한다. 한 변이 380미터인 정방형의 스포르자 성벽의 높이는 10미터가 넘어 보였고, 두께도 5미터가 넘었다. 어지간한 대포로도 끄떡없는 평지의 요새다. 성채에는 7개의 둥그런 능보(稜堡, bastion)가 성을 지키는 구조이다. 지배자가 없는 지금은 내부엔 박물관을 두어 유물을 전시하고 있고 성채 안은 커다란 순환로에 둘러싸여 있다. 또 건물 밖의 정원은 공원으로 되어 있

밀라노 스포르체스코 성 내부.

었는데, 규모로 보아 우리나라 경복궁을 능가한다고 보았다. 밀라노에 지금과 같은 번영을 가져오게 한 시기는 서기 1300년부터 약 150년 동안 비스콘티가(家)가 통치하던 시기로 르네상스의 개화기에 해당한다. 유명한 밀라노 대성당은 1386년 피렌체의 두오모 대성당과 경쟁적으로 지어 밀라노의 상징이 되었다. 이어서 영주가 된 스포르체스코는 밀라노 성을 이어받아 스포르체스코 성을 대대적으로 확장하고 '산타마리아 델레 그라치에 대성당'도 그가 지었다고 한다.

유럽과 이탈리아반도를 연결하는 관문이라는 전략적 위치에 놓인 밀라노 일대(롬바르디아 지역)는 로마제국 멸망 이후 1천 수백 년 동안 켈트족, 고트족, 서반아족, 독일 민족, 롬바르드족의 각축장이 되어 침공되거나 지배를 받았다. 특히 밀라노 일대는 6세기에서 8세기에 걸쳐 게르만 민족의 한 지파인 롬바르드족이 이 지방을 침입하여 로마 근처까지 지배했는데, 프랑크왕국의 지배 이후 소멸하였지만 그들이 남긴 유산은 롬바르디아주 일대에 궁터 교회 유적으로 남아 있으며 세계유산으로 등재되어 있다. 밀라노는 롬바르드주의 수도로서 일대의 역사성을 말해 준다 할 것이다.

내부 수리 중인 아케이드 갈레리아.

밀라노는 요충지라는 지리적 이점을 최대한으로 챙겼다. 프랑크왕국이 쇠퇴하여 이름뿐이었던 신성로마제국의 느슨한 지배를 받던 지역이었지만, 중·근세를 통해서는 베네치아, 피렌체, 제노아 등과 서로 경쟁하며 때로는 전쟁을 치르면서 성장하여 왔다. 이러한 역사적인 발전 과정을 통해 밀라노는 통일 이탈리아에서 움직일 수 없는 경제적·문화적 영향력을 행사할 수 있는 힘 있는 도시로 자리 매김하였다.

밀라노는 이탈리아의 경제 중심도시라고 일컬어지고 있다. 시 구역에 140만 명, 외곽인구 350만 명을 합하면 로마 인구를 능가한다. 이탈리아의 상업미술과 디자인의 중시지로서 세계에 우뚝 서 있다. 밀라노의 경제적 위상을 대표하듯 1855에 전설한 이 아케이드에는 유리로 장식한 높은 돔과 모자이크로 깔은 바닥이 조화를 이루며 안에 명품이 진열된 부티크가 줄 이어 있다. 아케이드는 안팎의 벽을 정기적으로 도장하는 모양인데 내가 보러 갔을 때 돔 안에 수리 작업을 수행하는 기계가 5층 높이를 꽉 채우고 있었다.

2. 베네토와 팔라디오 건축

밀라노를 둘러본 다음 날 우리 일행은 이탈리아반도 북단을 가로질러 베네치아까지 여행하였다. 도중에 비첸차(Vicenza)와 파도바에서 1박씩 한 다음 베네치아로 향할 일정이다. 여기는 이탈리아에서 유일하게 반도를 횡단하는 고속도로가 건설되어 있는 곳이다. 서부 지중해 제노바에서 밀라노를 거쳐 아드리아 해안의 베네치아를 연결한다. 비첸차는 인구 12만의 도시로 포강 유역 평야지대와 알프스 산간지대를 연결하는 중요한 위치에 있어 일찍부터 발달했으며, 1404년 베네치아 공화국에 속하게 되었다. 그러면서 르네상스 시대에 미술과 건축의 중심지로 번영을 누렸다. 비첸차를 찾은 이유는 이탈리아 16세기 건축가 안토니오 팔라디오의 건축 작품이 여기 저기 많이 남아 있기 때문이었다. 역부족하지만 팔라디오 건축을 나름대로 현장에서 열심히 관찰하려고 마음먹었다.

중세가 지나고 인문학이 부흥할 무렵 건축에도 새로운 사상이 싹텄는데 베네치아의 안드레 팔라디오(Andre Palladio, 1508-1580)가 새로운 스타일의 건축을 내놓았다. 그는 젊었을 때 로마에서 긴 시간을 보내면서 그레코-로망 풍의 건축을 관찰한 다음 베네치아 부근 비첸차의 공화당을 비롯하여 당시 베네치아의 부

건축가 안드레 팔라디오.

호의 저택을 짓는다. 그는 중세 이후 처음으로 건축에 새로운 해석과 스타일을 도입하였던 것이다. 그의 건축을 그래서 고전주의 건축스타일이라고 하는데, 당시까지만 하더라도 전문 건축가가 없고 예술가나 정치가도 자기 스타일로 건축을 하던 전통을 깨고 오로지 건축만을 전문으로 하는 최초의 건축가가 된 것이다.

우리가 맨 먼저 찾아간 곳은 '올림피코 극장(Teatro Olimpi-co)'인데, 르네상스 후기인 1585년 준공한 극장 건축물이었다. 외부에서 보면 극장 건물 같지가 않았다. 로마 시대의 원형극장에 처음으로 지붕을 얹고 반원형 벤치를 계단식으로 객석을 만들어 놓은 극장으로, 내부에 들어가 홀로 올라가니 극장의 특색을 알아차릴 수 있

비첸차 올림피코 극장.

었다. 무대에서 객석 끝까지의 거리는 매우 짧았고, 앞뒤 객석의 경사는 높은 편이었다. 이것은 비첸차의 기존의 성곽 벽을 헐지 않고 이용하는 조건이어서 이러한 객석 구조는 피할 수 없는 것이었다. 입구의 벽면을 자세히 살펴보니 벽이 누더기 같다. 벽돌 쌓은 것이 고르지 않고 창문이 났던 자리는 시멘트로 막았다. 안내를 받아 극장의 내부에 들어갔다. 객석에 서는 순간, 이것은 그리스 로마 시대의 반원형 극장에 지붕을 씌운 것임을 즉시 구별할 수 있다. 이 극장은 르네상스 시대 초기 최초의 지붕을 덮은 극장이라는 것이다. 500년이란 세월이 지났음에도 반원형의 객석은 두꺼운 목재로 깔아 놓았는데 그리스 로마 시대의 전형적인 극장이라 무대장치가 상설 고정되어 있어 로마 도시의 삶을 주제로만 공연물을 상연할 수 있게 한 것이다. 무대장치는 고대 시가지의 풍경을 원근묘사법을 사용하여 근경과 원경이 나타나는 고정식 장치로서, 현존하는 극장 무대로서는 세계에서 가장 오래된 장치가 된다고 한다.

객석에서 본 무대장치.

　비첸차에 모두 26점의 팔라디오 건축이 있다 하는데 이중에도 랜드마크는 비첸차 바실리카 건물과 높은 시계탑이다. 이 건물은 비첸차 시청을 수용하고 주변에는 상점이 들어선 주상복합식의 거물로 이른바 팔라디오가 설계한 아치가 처음 채용되어 건물의 특징으로 꼽힌다고 한다. 중세 이후 건설된 광장에 시계탑이 반드시 있음을 여기서도 발견할 수 있었다.

　올림피코 극장과 비첸차 바실리카를 돌아본 다음 우리 일행은 시내에 널린 건축과 근교에 팔라디오가 설계한 장원 별장을 두루 살펴보았다. 그의 설계의 특징은 평면을 기본으로 하여 공간을 설계하는 것인데, 당시까지만 해도 건축의 설계는 조각가나 회화가가 설계한 건축이 흔했던 시절에 처음으로 전업 건축설계를 하면

비첸차 바실리카.

서 고전 건축의 형태요소인 아치를 이용하면서 한 걸음 발전시킨 팔라디오 아치(또는 베네시안 윈도우라고도 한다)의 채용으로 즉시 분간할 수 있을 정도의 특징을 가진다. 팔라디오 아치는 네모난 베란다 기둥 사이를 아치형으로 높인 양식이다. 비첸차 바실리카에 외부에는 이런 팔라디오 아치가 수십 개 세워졌다.

　팔라디오 건축의 하나의 특색은 빌라 로톤다(Villa Rotonda)에서 보여 준 바와 같이 주변(동서남북 사방)을 동일하게 전망할 수 있는 정방향의 건물을 설계에 반영한 것이다. 우리가 본 이 별장은 3층으로, 지층은 다용도로 2층에 계단으로 올라가서 포티코(portico, 대형 건물에 현관에 세우는 기둥 있는 출입구)를 높게 설계하

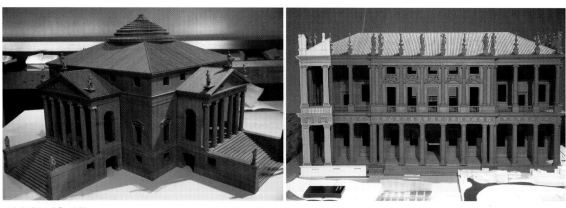

팔라디오 건축 모형.

였던 것인데, 포티코에서 바라보는 전망은 가히 대농장주의 저택 이상이었다. 그의 이런 포티코를 얹어 놓은 형식은 로마식 신전에서 빌려 온 스타일로 항상 한 층 높은 2층에 포티코를 두는 것이 그의 특징이라고 한다. 그는 여러 곳의 별장을 설계하는데, 건물이 놓이는 장소(setting)을 중히 여겨 주 건물을 짓고 좌우에는 동형의 날개 건물(extended wing)을 넣어서 실용성 있는 건물을 만들려는 노력이 엿보인다. 날개 건물은 별장은 농사용으로 우마사(牛馬舍) 또는 농기기를 두는 공간이나 부농 부상의 창고로 쓰이게 하려는 의도도 있다고 한다.

 또 하나의 건축의 특징은 로마 신전의 파사드(facade, 전면)를 응용한 십자형의(cruciform) 디자인이다. 그의 건축은 'rusticated basement' 즉 벽면의 석축을 거칠게 다듬은 벽으로 쌓고 2층 이상은 다른 장식으로 처리하는 스타일이다. 팔라디오 건축의 특징을 간단히 말하면 정면 파사드의 열주로 기둥을 세우고 돌출시킨 현관이다. 이러한 건축 스타일은 이후 권위적인 공공건물에 잘 나타나는 스타일로 세계 도처에 이러한 건축 스타일을 찾아볼 수 있다. 그가 건축한 저택은 위치 환경을 고려하여 사방에 조망이 가능한 파사드와 좌우대칭의 구조라 할 수 있다. 대부분의 경우 농사용 건물로 양 옆에 날개(wing)를 달아 놓고 주건물과 떨어져 있거나 지붕을 씌운 통로로 이은 스타일은 측면 건물의 용도를 증가시켜 줄 뿐만 아니라 건물의 기능을 보강해 주면서 외관을 강조하여 팔라디오 건축의 독창적인 스타일을 만들어내었다.

빌라 고디.

그의 건축은 17세기 영국에서 크게 유행했고 미국 등지에서도 18세기 이후 대유행한 건축물 스타일이 된다. 그 대표작인 건물로는 빌라 고디(Villa Godi), 영국 런던의 그린위치의 퀸즈랜드 하우스(1616), 벌링턴 하우스, 토마스 제퍼슨의 설계한 버지니아 대학 '로툰다 하우스' 원형건물 등을 꼽을 수 있다. 이렇게 고전주의로 회귀하는 건축양식을 발전시킨 건축가는 안드레 팔라디오였다.

서양 건축과 예술에서 대리석을 빼고 말할 수 없다. 그러나 대리석이라는 말은 동양에서 즉 중국 윈난성 다리(大理)에서 유래한다. 적당한 강도와 유연성을 같이 지닌 이 석재는 건축뿐만 아니라 조각이나 공예품의 재료로서 전 세계에서 사용된다. 그런데 대리석의 매력을 가장 먼저 잘 이해한 사람들은 고대 그리스 사람들이 아닌가 싶다.

하루 종일 팔라디오 건축을 돌아보고 난 다음 우리 일행은 중세 성곽이 견고하게 남아 있는 몬타냐나(Montagnana)를 둘러보고 파도바(Padova)에서 여장을 풀었다.

우리가 오늘까지 둘러본 성채는 모두 평지에 있다. 그러니 외부의 공격에 취약할 것이 아닌가. 영주 귀족의 보호막이 없는 것이나 마찬가지다. 독일, 프랑스, 영국 등 알프스 북쪽의 성은 이탈리아의 성과 위치나 축성이 매우 다르다. 북쪽의 성은 난공불락의 지형을 이용하는 경우가 많다. 피아차(piazza)는 광장이라는 의미로서, 성과는 반대되는 개념으로, 보호막 없는 광장에서 신분과 계급과 관계없이 하나로 연결시켜 준다는 의미는 아닌지. 그래서 광장은 이탈리아 건축의 핵이라고 한다. 큰 도시 어딜 가도 중심지에 반드시 넓은 광장이 있다. 그리고 광장에는 반드시 시계가 있다.

파도바, 베네치아, 피렌체, 시에나 등 도시의 발전사를 더듬어 보면 중세 이탈리아의 도시가 자치도시의 성격을 강하게 띠고 발전하였다. 상인이 정착하는 곳에 공예업자가 따라 들어왔다. 이들을 대상으로 하는 소비경제체제가 더불어 늘어났다. 이런 경제활동이 일어나는 곳에 새로운 생활형태가 들어선다. 오늘날 도시에서 보이는 교환경제가 자리를 잡는 것이다. 도시인들이 더욱 풍족해지면서 자치권을 요구하게 된다. 봉건 영주로부터 이런 권익을 획득하는 도시는 베네치아, 피사, 제노바, 피렌체 등의 이탈리아 도시였고, 그 뒤를 프랑스와 독일의 도시들이 뒤따랐다. 이런 도시 성장 과정은 영주들과 무력으로 쟁취한 곳도 있다. 도시는 전날의 지배자나 해적 또는 외부세력의 침공에 대비하기 위하여 대개 둘레에는 높은 성곽과 방어시설을 축조하고 주거는 넓지 않은 공간에 조밀하게 건설하였다. 성채 안에 넓은 공간은 시장이 들어갈 광장뿐이다.

도시에 상공인의 동업조합이 생겨나서 자치의 중심을 맡았다. 도시 안에 수공업제품이나 생산과 판매를 독점하는 정책을 추진하면서 생긴 것이 중세도시의 길드(guild)이다. 상인 길드는 그러나 대상인을 중심으로 시장을 독점하고 이는 다시 조합원이 되는 문을 아주 제한시켜 길드의 폐쇄성이 발전했다. 이렇게 하여 생긴 상인 출신의 대부호는 르네상스 전후하여 메디치 가문의 등장과 같이 정치, 경제를 좌우한 사례가 허다하다. 메디치 가문은 르네상스 문화 발전에 기여하였을 뿐만 아니라 교황도 배출한 명문 가문으로 유럽 정치에 끼친 영향도 지대하다.

유럽의 영주와 자치농촌은 10세기경 커다란 변화를 겪는데, 이탈리아와 남부 스페인과 프랑스의 중소도시는 비잔틴제국과 아랍제국과의 교역이 활발하게 이루어지면서 유럽의 도시는 변화를 겪는다. 또 도시에게 교역의 기회를 부여한 것은 몇 차례에 걸친 십자군 원정이 큰 역할을 하였다. 십자군 원정을 통하여 부를 축적한 경우는 다음에서 볼 베네치아에서 상세히 다루겠지만, 제노바, 피렌체도 공산품을 가지고 가서 지중해와 중동에서의 농산품을 들여오는 교역을 촉진시켰고 도시국가를 형성하여 번창하였던 것이다. 1300년경 유럽에는 인구 5만 명 이상의 도시가 15개로 늘어났다.

한편 중부에는 교황령과 나폴리 왕조가 남부를 지배하고 있었다. 이탈리아는 지리적으로 이슬람 세계와 가까웠고, 동로마제국인 비잔틴의 세계와의 접촉을 유지하여 서유럽과의 가교 역할을 해왔는데, 11세기 이후 상업의 발달과 십자군전쟁으로 인한 도시의 활성화로 도시는 점차 도시국가 형태의 자치도시가 되어 갔다. 다음 장에서 살펴보겠지만, 베네치아는 임해 도시에서 해양교역 도시국가로 성장하였고, 밀라노는 북방의 유럽과 기근 거리에 있으면서 정치 군사적으로 성장하여 또 하나의 도시국가로 커 갔고, 남부의 나폴리에도 왕국이 생성 번창하였다. 13세기 말의 경제성장기에는 사회계층의 변화가 일어나고 시민문화가 형성되었다. 또 농촌에도 농업 생산성이 늘면서 영주로부터 자유로운 자립농민도 늘어갔다.

3. 제노바

2015년 여름 늦은 오후 제노바에 도착하여 하루 묵은 후 우리 일행은 아침 일찍 페라리 광장과 가리발디 길 등 역사지구의 문화유산을 구경하러 나섰다. 제노바는 리구리아 주 수도이며, 인구는 60만 명으로 이탈리아에서 6번째로 큰 도시이다. 제노바는 또한 지중해에서 가장 큰 항구도시 중 하나인데, 해안을 끼고 있으면서, 좋은 항구를 겸비한 유럽대륙에서 이탈리아반도를 드나드는 길목이라는 점에서 소용돌이의 역사를 불가피하게 하였다. 중세 초기 제노바는 이탈리아의 다른 유력한 도시인 베네치아, 밀라노, 피사, 피렌체처럼 도시국가로 발돋움한다. 형식적으로는 신성로마제국의 속국이었는데, 제노바 주교 아래 자치권이 부여되어 있었다.

　해안지대를 달리면서 차창에서 본 제노바는 길고 구부러진 해안선을 낀 평지는 얼마 안 되고 점점 높아지는 구릉지에 시가지가 형성되어 있고 뒤로는 수백 미터 높은 뒷산이 배경으로 보였다. 도시의 심벌 격인 페라리 광장은 시원한 분수를 뿜어내고 있었는데 매우 아름다운 광장이다. 광장에 이탈리아 국가의 독립과 통일의 아버지 가리발디의 동상이 세워져 있다. 여기서 총독궁이나 가리발디 길이 모두 가까운 곳에 위치한다. 화사하게 꾸민 3층 건물이 제노바 총독궁이었다 하는데 지금은 박물관으로 쓰인다. 총독궁을 보고 나오다가 교회건축을 하나 발견하였는데, 바로크형의 건축으로 두 개의 조각상이 전면에 장식되어 있는 '예수, 성암브로스, 성안드레아 교회(Chiesa del Gesù e dei Santi Ambrogio e Andrea)'라는 조금 복잡한 이름의 교회였다. 예수회(Society of Jesus)의 초기 교회라고 한다. 석상의 주인공의 하나인 암브로스 성인은 4세기 말 밀라노의 주교로서 그리스도교가 국교로 선포될 무렵 로마 황제를 굴복시킨 배짱을 가진 가톨릭교회 성인이다. 이런 역사적 가치로 제노바 역사지구도 세계문화유산으로 등재되어 있다.

제노바 박물관(총독궁).

성암브로시스 교회.

바다를 끼고 있는 이점을 이용하여 교역과 이에 필요한 조선업, 그리고 무역에 필요한 금융업이 발달하였다. 국부를 축적하여 감에 따라 인근의 땅은 영지가 되었고, 12세기 십자군 원정에 참여함에 따라 원정한 지역인 중동과 에게해 지역에도 속지를 가질 만큼 강력한 도시 공화국이 되어 갔다. 이렇게 되면서 제노바는 베네치아와 경합하여 상호 전쟁에 돌입한 역사도 있다. 제노바의 중흥을 가져오게 한 것은 안드레아 도리아 총독의 시대라고 한다. 도리아는 조그만 도시국가 제노바를 강력한 해양국가 제노바 공화국을 만들었다. 그는 1558년부터 25년에 걸쳐 반석(磐石) 길을 깔고 이 길을 '새길(Strada Nuova)'로 명명하였는데 500년 전에 계획

크리스토퍼 콜럼버스(왼쪽)와 그의 생가(오른쪽).

도시의 모습이 지금도 공고하게 남아 있다. 지금은 '가리발디 길(Via Garibaldi)'로 명칭이 바뀌었다.

1492년 신대륙을 발견한 크리스토퍼 콜럼버스가 제노바 출신이다. 그는 신대륙 발견으로 들어온 수입의 10 퍼센트를 제노바에 기증하였다고 한다. 콜럼버스의 생가라고 하는 집은 페라리 광장에서 그리 멀지 않은 곳에 있었다. 이 사람이 세계사를 바꾼 격발장치의 역할을 한 사람이다. 아시아 향료를 찾아 나섰다가 신대륙을 발견하여 유럽의 이민 러시를 촉발하였고 그 후 세계사를 바꾸게 되었다. 그의 생가는 후세에 다시 손보았는지는 모르나 그 위치나 규모는 5백여 년의 유적으로 가늠하여 볼 때, 이 도시국가의 힘이나 규모에 대해 다시 한 번 생각을 멎게 한다. 그때는 중세 말기로 접어드는 때였는데, 구텐베르크가 발명한 인쇄기로 다국어로 번역된 신선한 성경이 대량 유포되고 갤리선들이 새 항로를 찾아 나선 때였다. 지식 독점이 깨지고 세계의 경제가 무너지면서 작은 것(책)이 큰 체제를 파괴하고 다수 대중이 소수 특권층을 극복하는 시대로 접어들었다.

17세기부터 19세기까지 제노바는 전쟁과 대립의 위기에 직면하였다. 1625년 프랑스의 침공을 받았으나 물리쳤지만 1656년엔 역병이 돌아 인구의 절반이 병사하는 액운을 겪었다. 얼마 되지 않아 1684년에는 60년 전

공중에서 촬영한 제노바.

침략하려다 패배했던 프랑스 해군이 보복하기 위해 수만 발의 대포를 쏘아 제노바를 심각하게 파괴시켰다. 프랑스와의 오랜 기간에 걸친 충돌은 코르시카를 프랑스에 양보하는 지경을 초래하였다. 이러한 배경에는 지중해의 무역이 신대륙의 발견과 항해술의 발달로 대서양으로 이동된 사실을 간과할 수 없다고 생각된다. 1746년 제노바는 오스트리아에 의해 정복당하였다가 1805년에는 나폴레옹에 의하여 프랑스에 합병된다. 아침에 내가 묵은 호텔 창에 비친 제노바 항구는 예상과 달리 조용하다. 이곳이 지중해안에서 가장 큰 항구라는데, 실감이 나지 않는다.

제노바는 이런 변환기에 별로 맥을 못 추다가 19세기 중엽 통일혁명의 불꽃을 높이 올려 이탈리아를 통일한 역사적인 도시인 것이다. 일련의 외세침략으로 식민지 지배를 받던 제노바는 지도자 가리발디가 이끄는 봉기가 승리하여 혁명의 도시로 탈바꿈한다. 가리발디 장군은 남쪽으로 진군하여 사보이 왕가를 타도하여 이탈리아 통일을 일구어냈다. 이렇게 이탈리아의 여러 도시는 주권을 가진 도시국가로 천 년 이상을 지내 오다가 근대국

제노바 항 그림, 1572.

가로 통일이 되었다.

　이탈리아를 여행하는 사람들이 대개 동의하는 것은 북부 이탈리아의 여러 곳은 상대적으로 풍요로운 데 비하여 남부의 여러 지방은 고풍과 전통이 더 많이 남아 있다는 특색이다. 그러나 이탈리아의 여러 도시들은 제각기 역사를 가지고 발전하여 왔기 때문에 문화와 습관과 행동도 다르다고 한다. 하나의 국가로 통일된 지 150년밖에 안 된 이탈리아 사람들은 단일국가 국민으로서의 정체성은 다른 유럽 나라들과 비교하여 조금 부족한 실정이다.

제노바 항.

4. 도시국가 베네치아

■ 베니치아의 역사 연표	
476년	서로마제국 멸망
5C 후반	훈족과 게르만족 침략 피난민이 라군에 이주 시작
697년	동로마제국 보호하에 초대 총독(doge)을 선출, 공화제 통치의 시작
810년	프랑크왕국 격퇴. 비잔틴제국과 교역조약, 무역도시의 시작
828년	수호성인으로 사도 마가의 유해를 맞아 산마르코 대성당을 건설
1000년경	비잔틴제국에서 독립. 아드리아해의 제해권을 확립. 이슬람국과 교역
1099년	제1차 십자군에 참가
1204년	제4차 십자군에 참가. 콘스탄티노플 점령. 동지중해의 제해권 장악
1271년	마르코 폴로 몽골을 향해 출발
1463년	오스만 터키제국과 전쟁, 1669년 크레타 섬을 빼앗김
1797년	나폴레옹 침략으로 베네치아공화국 붕괴

밀라노에서 베네치아(베니스)를 거쳐 토스카니 지방을 두루 순방하면서 피렌체(플로렌스)까지 이어지는 우리들의 이탈리아 문화관광 연구 투어는 저녁 무렵 베네치아 터미널에 도착하였다. 시내는 차량통행이 불가능하고 모두 페리나 수상버스를 이용해야 이동할 수 있기 때문에 터미널 부근에서 주차 빌딩을 찾아 차를 주차시킨 다음 개인 여구를 들고 메고 수상버스 터미널로 향했다. 열차로 비행기로 들어오는 여행객도 시내에서 숙박하거나 관광하려면 이 수상버스를 이용해야 한다. 베네치아 시내는 베네치아 만에 널리 자리 잡은 라군

(lagoon, 석호, 潟湖) 위에 흩어져 있는 118개의 섬이 바다에 떠 있는 도시인 것이다. 구시가 안의 상주인구는 약 6만 명. 섬에는 대략 150개의 수로와 400개의 다리로 이어져 있으며 교통수단은 수상버스, 수상택시 그리고 좁은 운하를 헤치고 다니는 곤돌라뿐이다.

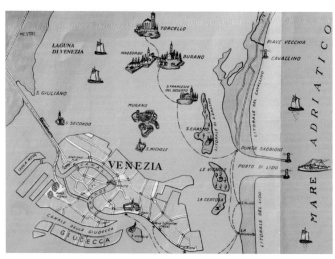
베네치아 라군 지도.

베네치아로의 접근은 육지에서 다리로 이어진 도로와 철도뿐이어서 진입이 매우 어려운 경우가 많다고 한다. 베네치아의 혼잡이 극에 달하는 곳이 피아차 로마(Piazza Roma)이다. 실상 베네치아로 들어오는 모든 차량은 여기서 배로 바꾸어 타야 하고 차량은 주차용 빌딩에 주차시켜야 하는데 진입하기도 쉽지 않다. 주말이 되면 베네치아로 접근하려는 차량들의 긴 행렬이 수 킬로미터의 행렬을 이루어 진입에 몇 시간씩 걸리는 경우가 태반이라고 한다.

운하와 거미줄 같은 골목길로 얽혀 있는 수상도시 베네치아는 어떻게 건설되었을까. 베네치아는 아드리아 바다로 열려 있는

베네치아와 육지를 연결하는 수상버스.

항만도시로, 1796년 나폴레옹의 정벌 이전까지 동방과의 교역으로 부를 축적하였던 강력한 도시국가였다가

오스트리아 지배하에 편입되었었는데 1866년 이탈리아 왕국이 이탈리아반도를 통일하자 반도 왕국에 편입되었다. 지금과 같은 관광도시가 된 것은 통일 이후의 일이다.

　베네치아는 기묘한 도시라고 생각하였다. 베네치아 석호는 주된 섬 앞에 가로 놓인 기다란 섬이 방파제의 역할을 하여 베네치아를 파도로부터 보호한다. 1846년 철도가 부설되기 전까지 베네치아에 접근은 선박으로만 가능하였던 것이다. 석호섬 중앙에 건설된 그 류가 없는 도시로서 중세로부터 현대에 이르기까지 별로 바뀌지 않은 모습을 지니고 있으며, 건물을 짓는 방식이 독특하다. 베네치아의 건물은 석호 섬에 촘촘히 나무 파일을 박는데, 파일을 모래와 벌흙을 뚫고 굳은 점토층까지 박아 기초를 만든다. 이 기초 위에 석회암판을 깔아 평지를 만들고 그 위에 건물을 지었다. 베네치아의 많은 건물이 500년 이상 오래된 건물이다. 그런데 나무 파일은 한번 박으면 어두운 흙 속에서 산소의 결핍으로 부식하지 않는다는 것이다. 다시 말해 나무파일 기초는 철기둥보다 오랜 간다는 것이었다. 베네치아라는 도시국가를 건설하는 데 얼마나 많은 나무와 석회석판이 들어갔을까, 어떻게 이 많은 수량을 조달 운반하여 왔을까 궁금해진다. 나중에 자료를 뒤져 보니 베네치아의 파일 재목은 이웃나라 슬로베니아와 멀리서는 러시아에서도 수입하였다고 한다. 이런 연유로 지금도 슬로베니아 크라스(Kras) 지방은 산에 나무가 없는 민둥산이 되었다고 한다.

　약 15분 동안 수상버스로 수로를 헤치고 레알토 정차장에서 하차했다. 베네치아의 4개밖에 없는 운하육교 레알토 다리 근처이다. 우리 일행은 단체 자유여행이었기 때문에 지도를 보고 호텔을 찾아가야만 했다. 짐을 끌고 울퉁불퉁한 돌길 골목을 요리조리 찾아 '알 코데가' 호텔에 당도하였다. 건물군의 블록 사이에 내정(內庭) 안으로 들어가니 호텔 입구가 있었다. 프런트는 3층에 있는데 엘리베이터는 두 사람이 가방 두 개를 실으면 더 탈 수 없는 조그만 것이다. 베네치아 중심가의 옛 건물들은 좁은 골목에 연이어 6-7층짜리 건물을 지어 지상 1, 2층은 전부 상점으로 만들어 놓았기 때문에 호텔 객실은 4층 이상에 두지 않으면 안 되는 건물인 것이다. 방 배정을 받고 저녁을 먹으러 밖으로 나왔다. 골목길마다 레스토랑과 부티크샵뿐이었다.

　다음 날 아침 비가 부슬부슬 내린다. 골목을 서너 개 빠져나와 산마르코 광장 앞에 다다랐다. 매일과 같이 아침부터 밤까지 인파로 붐비는 광장에 비둘기들이 발길에 차일 정도로 가득하지만 사람을 피하질 않는다.

레덴토레(구세) 성당.

산마르코 광장 앞 대성당은 베네치아의 역사를 증언하는 곳이며 베네치아에서 가장 저명한 비잔틴 양식의 교
회건물이다. 총독궁과 연결된 산마르코 대성당은 원래 국가 성당이었다가 1807년 베네치아 시 대성당이 되
었는데 내외 장식이 무척이나 호화롭다. 11세기부터 성당은 황금교회(Chiesa d'Oro)로 알려졌는데 내부의 으
리으리한 황금장식에서 연유한다. 대성당은 828년 이집트 알렉산드리아에서 베네치아의 상인이 훔쳐 온 이
른바 사도 마가의 유품을 수장 보관하기 위해서 마가의 탑과 함께 지었는데, 976년 민란으로 불타 없어졌다.
지금의 건물은 1084년부터 짓기 시작하여 1백 년 넘어 완성시켰다고 한다. 1094년 공사장 한 기둥 옆에서 사

마가 성인상.

도 마가의 시신이 발견되어 콘스탄티노플에 황금의 제단을 주문제작하여 설치하여 놓았고, 천장에 황금 모자이크로 장식하여 놓았다. 제4차 십자군 원정에서 베네치아 원정군은 콘스탄티노플에서 노획한 전리품인 4마리의 청동 마상을 가지고 와서 산마르코 광장 앞에 설치했다. 청동제 승리의 4두마(四頭馬—사도 마가의 말이라고도 칭한다)는 1204년 이래 대성당 정면에 설치되어 있다. 그 후 4두마는 1797년 나폴레옹 침공 시 약탈되어 프랑스로 가져갔다가 그의 사후 1815년 반환되었다. 원래의 작품은 실내에 보관중이고 야외의 것은 레플리카(replica)이다.

베네치아의 역사를 뒤져 보았다.

육지와 떨어진 베네치아 라군에 사람이 살기 시작한 것은 기원전후 켈트족의 한 분파인 베네티족이 북부 이탈리아에 퍼져 살다가 453년 훈족(Hun族) 침입 시 난을 피하여 석호에 마을을 이루고 살기 시작한 데서 비롯한다. 그 후 568년 롬바드족이 북 이탈리아를 침략할 때 더 많은 베네티족이 피난하면서 인구가 부쩍 늘었다고 한다. 서로마제국이 무너진 후 베네치아는 동로마제국의 지배를 받았다가 810년 프랑크왕국의 침략을 받는다. 프랑스와 독일 그리고 이탈리아의 대부분을 점령한 프랑크 대군에 투항하지 않고 맞섰다. 육지와 떨어진 늪지 섬에서 항전하는 베네치아군을 6개월을 공략하다가 프랑크 침략군에 역병이 돌고 페핀 대제마저 병들어 사망하자 침략군은 일단 철수한다. 그리고는 베네치아는 동로마제국의 일부라는 것을 인정받고 아드리아해 일대에서의 무역할 권리를 확보한다. 이렇게 하여 베네치아는 교역을 생존하는 수단으로 하는 독립한 도시국가로 발돋움하게 되는 것이다. 베네치아는 자국의 이익을 보호하기 위해서 해군을 창설하여 해양세력으로 성장한다. 힘이 강력해지면서 10-11세기에 걸쳐 동·서로마제국 사이, 또는 신성로마제국과 비잔틴제국과의 대결에서 중립적이거나 동로마(비잔틴)제국에 힘을 실어 주어서, 비잔틴제국으로부터 아드리아해에서의 우월적 지위와 베네치아 상선의 관세 면제의 특허를 받았다. 이런 교역환경 덕택에 베네치아 상인들은 홍해와 인도양 넘어 동방으로부터 향료와 실크무역을 통해 막강한 부를 쌓아 갔다.

아드리아해의 제해권을 확보한 베네치아의 해양무력은 무역선을 겸한 갤리 선단이다. 교역을 하기 위한 항해에 언제나 해적을 만날 수 있고, 연도에 적대적인 세력과 대치할 수 있기 때문이다. 베네치아의 해군력은 아드리아해나 동지중해에서 무적함대였다. 840년경 아랍 세력의 비잔틴제국 침공 격퇴를 돕기 위해 베네치아공화국(당시)은 60척의 갤리선(한 척에 200명 승선)을 파견할 바 있다. 1000경 베네치아공화국의 영토는 베네치아 주변과 아드리아해 연안의 도서지방을 영토로 하고 있음을 보여준다.

12세기부터 13세기에 걸쳐 성지회복을 위한 이른바 십자군 원정군에 베네치아공화국은 커다란 기여를 하였을 뿐만 아니라 승전 노획물을 다량 베네치아로 가져와 이익을 거둔 것으로 나타났다. 1183년 베네치아 도제(doge) 엔리코 단돌로

산마르코 대성당 앞 청동마상.

(Enrico Dandolo)는 유럽 제후들이 조직한 원정군 제4차 십자군 파병에 있어 재정적으로 난관에 봉착하자 파병 제후들과 협상하였다. 그는 4차 파병을 최대한으로 이용하기로 하기로 마음먹고, 베네치아 통제 아래 있던 자라(Zara) 지역 반란을 진압해 주는 대가로 십자군의 성지 이스라엘로의 수송을 제안하게 된다. 자라 요새를 되찾은 후 4차 십자군은 어떻게 된 일인지 예루살렘으로 전진하지 않고 콘스탄티노플로 행진한다.

원래 원정군은 예루살렘으로 전진할 계획이었는데, 권력투쟁에서 밀려난 비잔틴 왕자 안젤로스(Angelos)가 권력을 되찾는 데 도와주면 원정 성전 전쟁자금을 대주겠다는 제의가 있었다. 원정군은 콘스탄티노플 공략 끝에 왕궁을 점령하였고, 안젤로스는 황제에 즉위하였다. 그러나 얼마 안 되어 민중반란이 일어나서 안제

로스는 폐위 살해되었다고 한다. 원정자금 약속을 이행할 수 없는 사정이 되자 원정군의 탐욕스러운 약탈이 시작되었다. 베네치아군과 서유럽 원정군은 콘스탄티노플에 라틴제국을 세우고 비잔틴제국의 영토를 마음대로 나누어 가졌다. 얼마 안 되어 비잔틴제국이 라틴제국을 쫓아냈지만 이 시점부터 비잔틴제국의 쇠퇴가 지속된다. 사학자들은 이 4차 십자군 원정을 로마 가톨릭교회와 동방정교 사이의 갈등과 경쟁으로 일어난 사건으로 본다고 한다.

베네치아를 거닐면서 셰익스피어 작 『베니스의 상인』이란 말과 역사적 사건 마르코 폴로의 『동방견문록』이 생각난다. 마르코 폴로(1254-1324)는 몽골제국인 원나라에 내방했던 상인으로 훗날 『동방견문록』을 저술하여 동양을 서양에 처음 구체적으로 소개한 베네치아의 인물인데, 그의 묘는 산로렌조 성당에 묻혀 있다. 그는 아버지와 숙부를 따라 17세의 나이로 먼 길을 나섰다. 그들은 3년 걸려 베이징의 원(元)의 상도에 도달하여 쿠빌라이 황제를 알현하고 후대를 받았으며, 17년 동안 머무는 동안 원의 중신이 되거나 지방의 방백의 자리

에도 올랐다. 이들 3인은 귀로는 푸젠성(福建省) 추안저우(泉州)에서 해로로 출발하여 인도양을 거쳐 페르시아에서 육로로 지중해안까지 와서 다시 해로로 베네치아까지 돌아왔다. 1295년의 일이다. 그는 3년 후 베네치아공화국이 제노아공화국과의 전쟁에서 포로가 되어 감옥에서 무료한 나날을 보내던 중, 동료인 피사 사람에게 자기의 진귀한 경험담을 늘어놓았던 것이 『동방견문록』이라는 역사적 기행이 되었던 것이다. 200년 후 신대륙을 발견한 콜럼버스가 이 책을 좌우명처럼 여겨 아시아를 향한 동경심이 그의 항해에 크게 영향을 끼치지는 않았을까? 이를 전후해서 천주교의 선교활동이 중국에 도달한 증거는 많았지만, 몽골의 몰락과 명의 등극과 같이 한 쇄국주의로 동서 사이의 교류는 뜸해진다.

타타르 복장을 한 마르코 폴로, 작자 미상.

15세기 중반 오스만 터키제국이 등장할 때까지 맹주가 없던 유럽에

베네치아 시계탑과 총독 관저(doge).

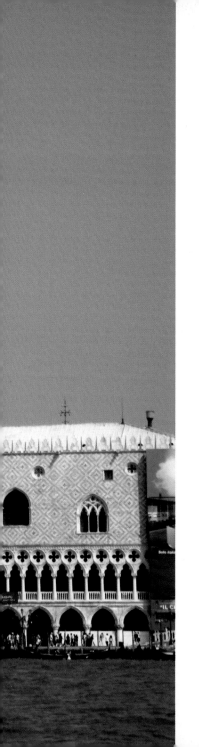

서 베네치아공화국은 동방과의 무역을 통하여 거대한 부를 축적하고 강대국으로서의 지위를 누리게 되었던 것이다. 당시 베네치아공화국의 국력과 무력은 오스만 터키와 러시아와 맞먹을 정도의 강국이 되어 있었다. 산마르코 광장과 성당에 갖추어 놓은 진귀한 유물은 이렇게 하여 베네치아에서 볼 수 있게 된 역사적인 내력을 가지고 있는 것이다.

수상버스를 타고 운하 건너 산타마리아 살루테 대성당을 향했다. 그리고 배를 타고 레덴토레 성당을 찾아가 보았다. 이 성당들 또한 베네치아의 역사를 담고 있다. 이렇게 많은 기독교 종교건축이 이 좁은 섬에 빼곡히 차 있는 역사적 사정과 사람들의 일상에서 차지하는 신앙의 무게를 실감할 수 있을 것 같은데, 요즈음 미사 때는 얼마나 많은 사람이 성당에 찾아오는지 궁금하다.

베네치아가 무역대국으로서 지중해를 누비던 14세기, 유럽에는 끔찍한 역병이 만연하여 수많은 인구가 사망하는 사건이 일어났다. 1347년 중아아시아로부터 베네치아의 무역 루트를 통하여 흑해지방에 도달한 페스트는 이탈리아 해안에 상륙하면서 다시 무역 루트를 타고 2–3년 사이 전 유럽에 번져 나갔다. 유럽 전체에서 인구의 25퍼센트가 희생되었다는데 인구가 조밀한 베네치아를 포함하여 이탈리아 도시는 인구의 반 이상 잃는 사태가 생겼다. 그렇지만 위생환경이 다른 데보다 좋았고 육지에서의 사람들의 이주를 통하여 다른 도시보다는 빠른 인구 회복을 달성하였다고 한다. 1575년에도 역병이 재발했다. 5만 명이 희생되었다고 한다. 그래서 건축 봉헌한 성당이 템피오 레덴토레(Tempio del Redentore, 신전을 되찾았다는 의미)이다. 1630년에도 베네치아에 이 끔찍한 역병이 퍼져 수만 명이 희생되었다. 베네치아공화국은 성모마리아 살루테(건강) 교회를 건축 봉헌하기로 하였다. 이를 기념하는 축제가 매년 11월 이곳에서 열린다.

근세 1453년 비잔틴제국의 몰락으로 오스만 터키제국과 대치하게 되면서 베네치아는 서서히 기울어져 갔다. 초기 오스만제국은 베네치아공화국에 아드리아해에서의 무역을 허용하였는데, 이익이 상충하면서 전쟁에 돌입하여 18세기 초까지 간헐적으로 전쟁이 계속되었다. 그런데 베네치아에게 결정적으로 불리한 사정이 생겨났는데, 콜럼버스의 신대륙 발견과 대항해시대의 개막에 따라 대서양−희망봉을 도는 아시아 항로의 개척에 따라 지중해 무역의 쇠퇴를 맞게 된다. 베네치아는 강대한 해양국가의 지위를 잃게 된 것이다. 베네치아공화국은 정치적으로 중요한 지위를 잃고 있던 중, 1797년 나폴레옹이 침공해 1천 년 동안 지속된 베네치아공화국은 몰락했다. 나폴레옹이 물러난 후에는 오스트리아 합수부르크 왕조의 지배를 받게 된다. 베네치아가 신생국가 이탈리아에 흡수된 것은 1866년의 일이다. 18세기에 베네치아는 그래도 제조업을 발전시켜 무역항으로서 기능을 유지해 왔고, 19세기부터는 유럽인들의 경제적 지위 향상과 더불어 관광산업이 점차 확대되면서 관광의 메카로 변모한다. 나폴레옹은 베네치아를 일컬어 지중해의 진주라고 불렀다고 한다.

오후 들어서도 비는 간혹 뿌렸다. 점심을 먹고 운하 가의 보도를 걸으면서 베네치아를 살펴보았다. 긴 보도를 계속 걸어가니 옛날 연초 제조공장을 개조하여 고급 호텔인 힐튼 호텔이 들어서 있다. 안으로 들어가 보았다. 수십 년 전만 하더라도 담배를 끊임없이 뽑아내던 연초공장의 흔적은 어디로 가고 공장 벽만 남아 있었는데, 내부는 완전히 리모델링하여 최고급 호텔로 변하여 있었다. 여기 숙박하러 오는 투숙객은 어떻게 호텔까지 오는가 물었더니 터미널에서 자가용 수상버스로 오간다고 한다.

베네치아의 주력산업은 해양무역과 조선이었다. 중세 이전부터 조선은 베네치아의 기간산업이었는데, 증기선이 나오고 선박의 대형화가 되면서 베네치아 조선산업은 서서히 쇠퇴하기 시작하였다. 베네치아는 수백 년 동안 무라노 섬에서 나오는 유리공예품으로 유명하다. 13세기부터 화재의 우려를 감안하여 유리공예품은 이 섬으로 국한하였던 것이라 하지만 제조의 비밀을 유지하기 위한 방안이었다는 것도 정설이다. 오늘날에도 유리공예산업은 중요한 산업의 하나이며 무라노 섬의 유리제품은 전 세계적으로 유명하다. 근대에 들어오면서도 제조업이 주도하여 경제적 성장을 이루었지만, 현대에는 관광산업이 베네치아 경제를 주도한다.

백 년 전만 하더라도 베네치아의 풍경은 어느 조그만 조선소에서 곤돌라를 만들고 이를 운하에서 저으며 〈

베네치아 곤돌라를 타는 관광객들.

산타루치아)를 부르고, 유리제품을 불어 생산하고 가면을 만드는 작업은 베네치아의 일상의 일부였을 것이다. 지금의 베네치아의 골목과 시장을 걸어 보았다. 넘쳐 나는 관광객, 어지러운 광고판(우리나라보다는 덜하지만), 저가의 기념품을 파는 널려 있는 상점, 부두가의 노점상들이 즐비하다. 상점의 윈도우를 보면 유리제품, 티셔츠, 기념품, 엽서류, 안내서, 모자, 마스크 등과 같이 대중적인 관광상품이 주를 이룬다. 상점만 가지고는 부족한지 거리에 널려 있는 노점상에서도 같은 종류의 기념품을 판다. 대량 관광객을 상대로 하는 기념품들은 현지에서 생산된 것이 아니라 대부분이 중국제가 아닌가 싶다. 관광객이 많다 하더라도 현지 경제에 얼마나 도움이 될지 의문이다. 지금의 베네치아는 중세 이후부터 보존되어 온 문화유산, 그리고 이를 보러 오는 관광말고는 경쟁력 있는 것이 없어졌다.

로마 시대부터 육지에서 농사를 짓다가 야만인들의 무력침공을 피해 이곳에 정착한 베네치아 사람들. 그들은 해양을 생존과 번영의 무대로 삼아 발전시켜 이 역사적 도시를 만들고는 르네상스 문화를 꽃피워 온 전 유럽으로부터 흠모와 사랑을 받았다. 18세기부터는 이 아름다운 섬나라를 관광하러 유럽 엘리트들이 몰려 왔다. 옛날 베네치아를 찾은 사람들은 곤돌라를 타고 〈산타루치아〉를 부르는 사공들에게서 매료를 당했다. 그런데 지금은 사정이 많이 달라졌다. 이제는 운하를 노 젓는 곤돌라를 포함하여 모든 것이 매스 관광을 위한 관광체험의 하이라이트가 됐다. 매년 1천5백만 명이라는 많은 관광객이 밀려들어 와서 도시의 기간시설의 수요를 증대시키고 환경을 위협하고 있다. 섬 안에서의 이동수단이 불편하자 숙박하지 않고 방문 후 떠나는 1일관광객이 늘어났다. 이들은 서둘러 관광하고 간단한 식사로 끼니를 때우고 기념품이나 사 가지고 떠나 정작 베네치아에 남기는 관광수입도 미미하다고 한다.

최근 들어 높은 밀물(高潮)로 인한 침수현상이 베네치아의 미래를 위협하고 있다. 섬이 가라앉는 것이 아닌가 하는 걱정과 더불어 건물 벽에도 해수 염해(鹽害)가 발생하여 수명에 중대한 위협이 되고 있다고 한다. 당국은 이를 막기 위해 최신의 기술을 동원하여 안간힘을 쓰면서 대책을 강구하고 있다.

낮에도 비가 내리다가 저녁 무렵 날씨가 개였다. 다시 산마르코 광장에 나와 보았다. 도제 부둣가에서 본 산타마리아 대성당의 일몰 장면이 매우 아름다웠다.

베네치아 일몰.

5. 발텔리나와 베르니나 열차

이번 이탈리아 여행 항공편은 프랑크푸르트가 경유지였기 때문에 밀라노에 도착하여 여행이 끝나면 밀라노에서 다시 항공편으로 프랑크푸르트로 돌아가게 되어 있었다. 여행계획을 짜던 중 세계문화유산으로서의 베르니나 철도의 종착역이 티라노이며 밀라노에서는 2시간 거리임을 알아내고 이 철도 문화유산을 탑승 체험하기로 마음먹었다. 로마 방문을 마치고 밀라노에 가서 2박3일의 일정으로 발텔리나 지방과 장크트모리츠(Sankt Moritz)를 방문하기로 하였다.

로마를 떠난 고속열차는 내리는 비를 뚫고 3시간 만에 밀라노 중앙역에 우리를 내려주었다. 로마–밀라노의 거리는 약 500킬로미터이다. 우리는 12시 30분에 떠나는 티라노행 열차로 갈아탔다. 밀라노를 떠나니 비가 그치고 날이 개기 시작한다. 넓은 평야의 농공지대가 펼쳐졌다. 멀리 알프스의 준령이 보이기 시작하면 벌써 기차는 아름다운 레이크 코모 호숫가 옆으로 달렸다. 그림과 같은 코모호(Lake Commo) 건너 스위스 루가노가 보이고 그 뒤에는 멀리 알프스의 연봉이 보인다. 기차는 호숫가를 거의 반 시간 이상 달려 터널을 지나니 발텔리나

코모호와 건너편으로 보이는 스위스 루가노.

(Valtellina) 지방의 계곡이 나타났다. 알프스의 연봉이 왼쪽에 보인다. 산 너머는 스위스다. 지도를 펴고 보니 우리가 진행한 방향으로 오른쪽인 남쪽의 산지는 알피 오로비에 봉(Piz Alpi Orobie)이 3천 미터를 넘는 높은 연봉이 능선을 이루고 있고 왼쪽엔 스위스 알프스이다. 그림 같으면서도 위대함을 느끼는 그런 경관이다. 19세기 초 존 러스킨이 알프스 연봉을 보고 적어 놓은 구절은 이런 위대함을 너무도 잘 표현하였기에, 지금 내가 가고 있는 곳과는 장소도 다르고 계절도 달랐지만, 여기에 소개한다.

지금부터 수년 전에 샹파뇰 마을에 흐르는 아인강 상류를 따라 뒤덮은 소나무 숲 사이로 해가 질 황혼 무렵, 나는 알프스 산지의 해 저무는 모습을 지켜보았다. 그때는 봄철이었다. 산지는 위대한 힘이 지상에 솟아오르듯 거대한 알프스산에 오르고 연봉이 능선을 따라 험하고 난폭하게 변화하는 모습이 마치 자연의 장엄한 화음(concord)이 울려 퍼지는 것 같았다. 서서히 또는 가파르게 변하면서 이어지는 음률이 마치 장엄한 교향곡의 서곡을 감상하는 기분이었다. 멀리 보이는 전원 모습 뒤로 연봉이 계속되는데 마치 폭풍이 이는 먼 바다에서 밀려와 수면에 긴 탄식을 토하는 듯 교향곡의 서곡은 억제되고 있었다.

거기에는 부드러움이 단조로운 전원에 차 있었고 험준한 산맥에서 느끼는 파괴적인 힘이나 혹독한 표정도 여기서는 감추고 있다. 그러면서 부드러운 초원에는 빙하시대 얼음에 깎이고 그 위에 먼지가 쌓였을 고대 빙하 흔적은 보이지 않았다. 사람 사는 곳에서 떨어진 엄숙한 자연미 이외에 다른 아무것도 없는 이 이상의 풍경을 상상하기란 어려웠다. 저녁 하늘에 솟은 검은 봉우리들이 깊은 숭배를 받는 까닭은 산 그림자가 요새에 드리워진 그림자 때문이었다.
(졸저, 『오늘의 문화유산 보존과 활용』, 시간의물레, 2013, p.21)

산비탈의 급한 경사가 완만하게 바뀌는 스위스 알프스의 양지바른 산록에 제각기의 모양을 한 포도밭이 즐비한데, 간간이 교회의 우뚝한 종루가 주변의 마을을 이끌고 있는 분위기이다. 비 개인 오후라 구름이 산에 걸려 있다. 이런 산비탈에 포도밭은 땀을 들여 일군 문화의 경관이 아닌가. 바로 여기가 유럽에서 좋은 와인으로 정평이 있는 발텔리나 와인의 산지이다. 티라노 근처에는 와인 셀러가 촘촘히 있다고 안내서에 쓰여 있다. 헝가리 토파즈 와인 산지의 문화경관이나 라인강 경관 못지않았다. 이런 와이너리에 들러 와인 맛보기 산책을 하면 중세풍이 그득한 이 고장의 역사산책이 될 것 같다. 두 시간 만에 기차는 스위스와 국경의 국경에

산비탈을 깎아 일군 포도원.

접한 티라노 역에 우리를 데려다주었다.

　발텔리나 계곡은 독일에서 스위스 알프스를 넘어 이탈리아와 연결하는 통로에 놓여 있었기 때문에 프랑크 왕국 시대는 물론 그 이후에도 이 지방을 지배하려고 각축을 벌이면서 자취를 남겨 놓아서 중세 이후의 교회나 공공건물의 유적이 여기저기 많이 남아 있다고 한다. 구시가와 신시가 사이에 다리 밑으로 알프스에서 흘러내리는 물이 급류를 이루면서 지나간다. 티라노에서 꼭 가 보아야 할 명소로 16세기에 지은 마돈나 교회가 있다 하여 찾아가 보았다. 건립 내력을 살펴보니 1504년 이 지방 귀족 마리오 오모데이에게 성모가 발현하여

발텔리나 산록마을.

성모를 위한 성전을 지어 달라고 하였다 한다. 이후 이 교회에는 순례자의 길이 끊이지 않고 찾아들었다. 교회를 방문하고 나오는 길에 교회 바로 옆으로 6량으로 편성된 베르니나 관광열차가, 유럽 여러 도시에서 흔히 보는 도심 전차처럼, 교회 앞 도로를 가로질러 산으로 향하는 골목으로 들어갔다. 하루에 수십 번 지나가는 선로에 차량을 통제하는 차단봉 같은 것은 보이질 않았다.

다음 날 초겨울 아침 역으로 가서 빨간 베르니나 관광열차에 올라타고 스위스 장크트모리츠까지 갔다 왔다. 2킬로미터밖에 안 되는 스위스 국경까지 시속 20-30킬로미터의 느린 속도로 시가지를 빠져 나간다. 시내

알프 그림 간이역. 일본 가나 문자로 된 역이름이 보인다.

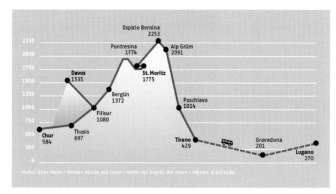

베르니나 철도의 고도를 나타낸 그래프.

를 벗어나는데 티라노의 마돈나 성당을 스쳐 가듯 지나간다. 시가지를 벗어나면 곧 스위스라고 한다. 여기서부터 열차는 꾸불꾸불 돌아가고 때로는 마을 뒤뜰 안도 넘보며 계속 올라갔다. 여기에 베르니나 철도가 부설되기 전까지 북부 유럽으로 와인을 싣고 알프스로 넘어가는 당나귀 상인의 행렬은 티라노에서 출발하는 포스키아보 계곡의 흔한 풍경이었다고 한다. 그러던 것이 105년 전 장크트모리츠까지 베르니나 철도가 부설되면서 교통 풍경이 완전히 변하였던 것이라. 알프스의 숨겨진 목초지와 마을이 그림과 같이 펼쳐지면서 고도를 더해 올라간다.

베르니나 철도는 빙하특급(Glacier Express)과 더불어 유네스코의 문화유산으로 등재되어 있는 명물이다. 내가 조사한 바로는 세계유산 가운데 철도 유산은 오스트리아 센메링 산악철도, 인도 히말라야 산악철도 및 스위스-이탈리아 사이 라에티안 철도(Rhaetian Railway)까지 셋뿐이다. 철도가 어떻게 하여 세계문화유산이 되었을까.

유네스코 세계유산 자료를 보면 이 철도는 20세기 초까지 산으로 둘러싸여 고립되었던 중앙알프스의 고립을 탈피시켜 주었다. 문화와 인간 상호의 교류를 촉진하면서 산악지방에 사는 사람들의 사회경제적 면모를 일신시켜 주었을 뿐만 아니라 자연과 사람과의 관계, 즉 자연을 보존하면서 이용하는 현상에 중대하고도 의미 있는 변화를 가져다주었다는 것이다. 또한 기술적으로도 산악철도 건설에서 봉착하는 광범위한 기술적 장애를 극복하여 산악철도 건설 기술을 한 차원 높였고, 이는 결과적으로 고고도에서의 철도 건설 기술은 물론 산악지방에서의 인간활동을 뒷받침하는 기술 발전으로 이어졌다. 또한 철도가 산악풍경을 한결 더 조화시켜 경관미를 만들었다고 하였다.

베르니나 철도의 기술적 측면을 한번 살펴보았다. 티라노와 장크트모리츠와의 거리는 60킬로미터, 소요시간은 2시간 반. 해발 430미터 지점의 티라노에서 출발하여 해발 2,250미터의 베르니나 고개를 넘어 1,775미터 위에 있는 장크트모리츠로 내려간다. 철도는 폭이 1미터인 협궤로서, 철도로는 가장 높은 데를 달리는 전기철도이다. 총 길이 60,668미터, 선로에 13개의 터널, 52개의 교량이 있다. 높은 산악을 짧은 거리에서 올라가기 위해 철도의 경사도는 최대 7퍼센트, 최소 커브는 45미터로 설계되었다. 속력을 내기에는 적합하지 않은 구조다. 철도는 1903년 착공하여 1910년 완공하였고, 1913년부터는 연중 운영체제로 전환하였다. 티라노를 출발하면서 줄곧 경사를 높여 가는데, 브루지아라는 마을에 이르면 단거리에서 고도를 높이기 위해 나선형으로 360도 원을 그리면서 올라가는 고가교(via duct)를 놓아 단숨에 고도를 높인다. 자기가 탄 열차가 돌면서 창밖으로 뒤따

설원(당시 11월 초)을 달린 베르니나 특급열차.

장크트모리츠.

알프 그림 간이역사에 걸려 있는 일본 하코네 등산철도와의 자매결연 기념동판.

라 오는 차량의 모습을 직접 볼 수 있다. 베르니나 철도의 명물인 것 같다. 연변에서 가장 큰 마을인 포스키아보부터 기차는 19킬로미터의 거리를 1천2백 미터의 높이를 향해 오르게 된다. 그래서 언덕을 왔다 갔다(zigzag)하면서 달린다.

수림이 고산 수종으로 바뀌었다. 2천 미터 지점에 오르니 11월인데 완전히 설국이다. 겨울철에 눈 많은 산악지방에 어떻게 열차가 운행될까 궁금했다. 알프 그림(2,091m) 간이역에 이르니 역사에 일본 하코네 등산철도(箱根登山鉄道)와 자매결연한 기념동판이 역사에 걸려 있다. 하코네 등산철도는 1919년 건설되었는데 베르니나 철도를 벤치마킹하여 건설하였다는 것이다. 역사에는 숙박시설과 식당이 있고, 테라스 바로 앞에 팔뤼(Palü) 빙하가 눈앞에 전개된다. 여기서 조금 더 가니 베르니나

고개에 도달하였는데 옆에 호수가 환상
적이다.

　나는 비수기에 철도를 이용한 몇 안
되는 승객이었다. 우리 내외가 탄 칸에
는 아무도 없었고, 검표하러 다니는 승
무원이 오갈 뿐 우리가 전세를 낸 것처
럼 독차지했다. 열차는 서서히 달리는
데다 창문을 열 수 있어 연변의 풍경과
열차의 달리는 모습을 찍기에 더 이상
바랄 것이 없는 조건이다. 정신없이 왼
쪽 오른쪽을 왔다 갔다 하면서 사진을
찍었다.

이탈리아와 연결된 고산철도는 1889년 개통되어 125주년 기념 현수막이 걸려 있었다.

　여기서부터 장크트모리츠는 내리막길이다. 비수기여서 그런지 장크트모리츠는 의외로 조용하고 차분한
곳이었다. 중세시대부터 요양온천으로 널리 알려진 곳이었는데 19세기에 들어서는 유럽의 갑부들이 즐겨 찾
은 곳으로 유명해졌고, 1928년과 1948년에 동계 올림픽을 치른 곳으로도 잘 알려진 곳이다. 이런 외진 고원지
대에 이탈리아와 연결하는 철도가 개통된 것은 1899년이었다고 하니 우리나라 경인선이 개통된 해와 같은 해
이다. 그때 이미 이 지역에는 이런 관광열차가 다닐 만큼 사람들의 왕래가 있었다는 것이 아닌가. 장크트모리
츠에는 2시간밖에 여유가 없어 시의 광장만 가 보고 근처에서 점심을 먹은 것이 전부였다. 아쉽지만 다시 티
라노로 가는 열차에 올랐다.

　돌아오는 차 속에서 멀리 산 밑에 보이는 포스키아보가 너무나도 환상적이다. 열차가 고도를 낮추면서 차
창 속에 보이는 교회가 참으로 정겹고 아름다워 보였다. 기차 시간을 체크하니 포스키아보에서 티라노까지는
30분도 안 걸린다. 한 시간 뒤의 열차를 타도 문제가 없을 것 같아서 차에서 내렸다. 마을을 산책하러 나섰다.

스위스 포스키아보 마을.

우연히 장례행렬과 마주쳤다. 백여 명의 조문객이 신부의 선도로 인근의 공동묘지로 향하는 것이었다. 조문객 한 사람에게 누구의 장례냐고 물었더니 마을에서 입신하여 좋은 일을 많이 한 사람이라고 한다.

　　포스키아보의 인구는 약 3,500명으로 86퍼센트가 가톨릭 신도들이다. 넓은 면적(191㎢)을 가졌으나 빙산과 쓸모없는 산림이 반을 넘어서 농경지로서 이용되는 면적은 약 20퍼센트 정도로 목축업이 주류를 이루고 있었다. 그러나 철도가 들어온 이래 마을에는 제조업과 서비스산업(관광과 겨울 스포츠)이 늘어 마을의 실업률을 1퍼센트 미만일 정도로 완전고용을 이루고 있다 한다. 포스키아보 계곡 사람들의 언어는 근접한 이탈리아어를 사용한다.

1. 토스카나의 도시들

아그리투리즈모

베네치아 탐방을 마치고 우리 일행은 볼로냐를 거치고 아펜니니 산맥을 넘어서 해안 지역에 자리 잡은 토스카나로 이동하여 키안티에 있는 관광농원에 투숙했다. 토스카나 일대의 유적과 아그리투리즈모(Agriturisumo, 관광농업)를 보는 나흘 동안의 일정이었다.

토스카나는 피렌체를 수도로 하는 주(州)인데, 이탈리아반도를 종관하는 아펜니노산맥 이서에서 지중해 해안까지 요지를 차지한 지역으로 평야와 구릉지가 적당히 섞인 산비탈에 농지를 일구어 한 폭의 그림 같은 아름다운 곳이다. 토스카나는 중세 시대의 문화유산이 도처에 즐비할 뿐 아니라 로마 선주민 유적으로부터 수많은 성곽과 요새와 치솟은 교회 첨탑의 빛깔이 자연과 어우러져 특히 북미 사람들이 흠모하는 고장이다. 연간 강우량이 900밀리 정도에 토양이 사암지대로서 배수가 잘 되어 포도 재배에 최적의 지방이다. 지역에서 나오는 키안티(Chianti) 와인은 최고급 와인으로 전 세계적으로 유명하다.

우리가 머문 데는 키안티에서 몇 킬로 떨어진 데 있는 코르테 디 발레(Corte di Valle) 관광농원 겸 와이너리 였다. 19세기 말 주이 영국대사 그래함 경이 지었다는 농원 건물 내부는 숙박업을 할 수 있게 넓은 복도를 사이에 두고 양 옆에 객실을 꾸며 놓았다. 3층은 다락방, 베란다에서 보는 주위 풍광은 환상적이다. 주변 산은 높지도 낮지도 않은 구릉지에 물결처럼 오르내린 경사진 포도밭과 길쭉한 미루나무가 둘러싼 대저택 또는 샤토(chateaux) 같은 와이너리가 군데군데 들어선 전형적인 키안티 경관인데 너무 잘 다듬어 놓아 야생적인 맛은 거의 찾아볼 수 없고, 깨끗하게 빗질한 공원 같은 느낌도 나게 한다.

토스카나 풍경.

　슬로푸드(slow food)를 생산하여 친환경 농업을 선도한다는 키안티. 관광전문가들인 우리 일행이 여기를
숙소로 택한 것은 관광농업이 이탈리아에 특히 많이 보급되어 이탈리아 현지인들뿐만 아니라 외국인들도 많
이 찾는 숙박업종으로 등장하고 있는 트렌드를 확인하려는 데 있었다. 와이너리와 낙농 농원 현장에서, 공기
좋고 아름다운 전원에서, 산지의 신선하고 풍성한 먹거리, 좋은 와인을 즐기면서 그 고장 물산을 손쉽게 구
입할 수 있는 매력, 그리고 주변에 산재해 있는, 유서 깊고 찬란한 유적 유물을 편하게 관광할 수 있어 인기가
있다. 또한 이탈리아 요리를 직접 만들 수 있는 체험 실습도 같이 받을 수 있다. 관광과 생활을 접목시킨 친환

코르테 디 발레 포도농원.

경 슬로푸드라는 관광자원을 만들어냈다. 이것은 슬로 시티(slow city)라는 개념으로 확대되어 가고 있다.

　목초지가 풍부한 토스카나의 구릉 산촌은 아시아의 전원과는 전혀 다른 느낌을 준다. 이 지방의 자연지형과 토양 그리고 사계절이 특유의 농업 생산형태를 만들어냈기 때문이다. 농가에서 생산되는 치즈와 같은 낙농제품은 부가가치를 높여 주는 농산품을 만들어낸다. 도처에 널린 산악지방 구릉지대에 포도원을 일구어 맛 좋은 포도주를 생산해 사람들의 혀를 사로잡았다. 그렇지만 이렇게 산야를 곱게 다듬는 데 시간이 얼마나 걸렸으며, 노동은 얼마나 들었을까. 주어진 자연 여건을 땀을 들여 발전시킨 토스카나의 산야는 다른 어느 곳과도 비교하기 어려운, 빼어난 문화경관을 만들어냈다고 느꼈다.

우리는 다음 날부터 토스카나의 시에나, 산지미냐노, 볼테레 등 세계유산을 찾아가서 둘러보았는데, 지형적인 제약이 있었는지 모르나 모두 산 정상이나 언덕에 도시가 조성되어 있다.

시에나

다음 날 우리 일행은 비가 오락가락하는 토스카나 구릉지를 달려 시에나로 향했다. 시에나는 피렌체에서 50킬로 떨어진 인구 5만의 중소도시인데 중세에 금융업으로 번창하여 피렌체와 패권을 다투던 도시국가였다. 1472년 여기서 창업하여 지금도 영업하고 있는 몬테파스키 은행은 세계에서 영업하고 있는 가장 오래된 은행이라 한다. 들어가기 전에 조망한 시가지는 산성과 같은 분위기를 주고 있다. 시 중심지로의 통행은 완전 금지되어 있기 때문에 공용주차장에 차를 세우고 꽤 걸어서 역사지구에 도달하였다. 도심지구에는 중세의 모습이 잘 보존되어 있어 세계문화유산으로 등재되어 있다. 여기서 거의 하루를 보내며 역사지구 안의 대성당, 스칼라 병원박물관, 캄포 광장(Piazza del Campo)과 시 청사인 피아차 푸블리코(Piazza Publico)를 느긋하게 관람하였다.

다른 토스카나 지역의 언덕 도시들처럼, 시에나도 에트루리아인들(대략 기원전 900~400년)이 처음 정착해 땅을 개간해 살던 고장이다. 여기에 로마제국 아우구스투스 황제 시기에 사이나 율리아(Saena Julia)라고 불리는 로마 마을을 세웠다는 고장의 전설에 남아 있다. 전승에 따르면 시에나는 로물루스의 조카인 세니우스와 아스키우스가 로마에서 도망쳐 나와 세웠는데, 그때 '젖 먹이는 암늑대'를 데리고 나왔던 것이 지금 카피톨리나 늑대상으로 남아 시에나의 상징물이 되었다고 한다.

시에나는 로마 시대에 크게 번영하지 못했다. 로마가 유럽으로 향하던 중요 도로와 밀접해 있지 않았고, 교역을 할 기회도 없었기 때문이다. 북쪽에서 롬바르드족의 침입을 계기로 북부와 로마를 연결하는 교역로

시에나 대성당 정면 파사드.

에 시에나를 경유하는 노선이 개발되면서 시에나는 교역 거점으로 발전하기 시작한다. 독일과 프랑스를 아우르던 프랑크왕국은 롬바르드족을 물리치고 북부와 중부를 지배하게 되는데 그 제후국이었던 토스카나대공국이 1115년 쇠퇴하자 자치지역(코뮌, Commune)이 되었고 후에 시에나공화국의 건국으로 이어져서 12세기 후반부터 1555년까지 3백 년간 시에나공화국이 존재했다. 1348년에 흑사병이 강타하기 전까지 시에나의 인구는 지금의 인구와 맞먹는 5만 명이나 되었던 때가 있다. 이웃인 피렌체공화국과는 끊임없이 경쟁관계에 있었다가 시에나라는 도시국가는 1555년 피렌체에 복속하게 된다.

역사지구에서 맨 처음 목도한 것은 시에나 대성당이다. 규모는 피렌체나 밀라노보다 작았으나 매우 예술적으로 빼어난 건축이다. 12세기부터 문을 연 시에나 대성당은 이탈리아 로마네스크 양식과 프랑스 고딕 건축 양식을 혼합한 대표적인 건축이라 한다. 대성당의 파사드는 1380년에 완성되었다는데, 전면 상단의 성모

▲ 파사드 정면 상단의 성모마리아 대관식 모자이크.
▶ 유럽 최초의 병원이었던 스칼라 박물관.

마리아의 대관식을 그린 모자이크는 아마도 중세 건축 중에서 가장 아름다운 예술품으로 평가받는다. 시에나 대성당 내부 바닥은 대리석 상감이 새겨진 모자이크 바닥에는 많은 예술가들이 그려 넣은 14세기 이탈리아에서 가장 정교한 예술품으로 평가받고 있다.

다음으로 우리는 산타마리아 델레 스칼라 박물관으로 향했다. 스칼라 박물관은 원래 1090년 건립된 유럽 최초의 병원 중 하나라고 한다. 중세 초기 도로망이 시에나를 통과하게 되자 로마로 가는 순례자들의 경과지가 되면서 병약한 순례자들을 치료할 병원의 필요성이 절실했던 당시, 순례자, 극빈자, 고아를 맡아 치료했던 이 시설은 시에나의 새로운 문화센터로 발돋움하기 위한 박물관으로 개조 중에 있다. 아직 공사가 진행 중이긴 하지만 일부 시설이 일반에 공개되어 관람할 수 있는데, 지하 고고학 전시실에 들어가면 유명한 명화와 당시의 병원의 규모를 실감할 수 있다. 천 년 전(1090)에 인구 10만 명도 안 되던 이곳에 이런 규모의 박물관이 있었다는 것은 참으로 놀라운 일이다.

비를 맞으며 다음 행선지인 캄포 광장으로 향했다. 시가지 중심에 있는 캄포 광장은 도시 사람들의 생활중심지가 되어 장터 노릇과 시민의 스포츠 광장으로도 이용되고 있다. 조개 모양을 한 도시 광장인 캄포 광장은 부채 모양의 붉은 벽돌로 포장되어 있으며, 둘레에는 5~6층의 건물이 약속이나 한 듯 아주 보기 좋게 스카이라인을 맞추어 지어져 있다. 캄포 광장은 건축사적으로 대단히 높게 평가받고 있는, 중세시대 일반인들이 참여할 수 있는 공공의 광장으로 역사 중심의 핵이다. 광장에서 연 2회 '팔리오(Palio)' 경마 경주가 열린다. 팔리오 경주는 시에나의 심벌이라고도 하는데, 자키(Jockey)가 안장 없이 말의 맨 등에 올라타고 질주하는 경주이다. 광장을 세 바퀴 도는 아주 짧은 경기 도중, 급히 도는 원심력 때문에 자키는 밖으로 나가떨어져 말만 도착선에 뛰어 들어오는 경우도 왕왕 있다고 한다.

광장 전면에 높은 시계탑이 있는 푸블리코 궁전이 나타났다. 공공의 궁전이라는 뜻으로, 시청사이다. 시에나의 역사이며 권력의 중심이었던 시청사에 안내되어 두루 구경할 수가 있었다. 갖가지 역사 전개 과정에서 일어났던 일들을 상상해 보기에 충분하고도 남을 만한 분위기를 자아내고 있었다. 그 자체로서 훌륭한 건축 작품인 푸블리코 궁전은 현재도 귀중한 박물관으로서 기능을 하고 있다. 내무는 여러 방에 높은 천정에 고풍

시에나 감포 광장.

스러운 가구가 진열되어 있었으며, 소장품으로는 암브로조 로렌체티의 프레스코 벽화와 피에트로 로렌체티, 시모네 마르티니의 훌륭한 프레스코 그림 등이 있다. 과연 이런 건물에서 시청 직원이 아직도 근무를 하고 있을까. 시의 역사 자료를 보면 시에나가 최고로 번성했던 시기에는 인구가 10만 명 규모였는데, 흑사병이 전 유럽을 휩쓸었던 1348년에 인구 전체의 2/3가 전염병으로 사망한 것으로 나타나 있다.

시에나 바실리카 안의 역사회화.

산지미냐노와 볼테라

토스카나 체류 마지막 날 산지미냐노(San Gimignano)와 볼테라(Volterra)를 탐방하러 나섰다. 두 곳 모두 언덕 위에 건설한 산간 읍성으로, 여기서 내려다보는 토스카나의 전원 풍경은 매우 아름답다. 언덕 위 334미터 고도에 서 있는 산지미냐노 성을 향해 언덕길을 올라가면서 높은 타워 건물이 다수 보이는데, 매우 인상적이다. 성안으로 들어갔다. 좁은 골목과 군데군데 나오는 작고 큰 광장에 로마네스크와 고딕 양식이 혼합된 건물이 고풍스럽게 전개된다. 여기 또한 유네스코 세계문화유산의 하나다. 올라오면서 본 여러 개의 타워는 여기를 지배하던 귀족들이 부와 힘을 과시하기 위해 지은 타워였다. 타워 건물은 한때 70여 동을 헤아렸으나 지금은 14개 동이 남아 세계유산으로 등재되어 있는 것이다.

산지미냐노 역시 11세기경부터 약 300년 동안 교역로와 순례길 경유지로서 번성하였다. 여기서 나누어 준 관광자료에 의하면 1199년 자유도시(Free Commune)을 선포하여 자치를 시작하였는데, 주변 산지에서 샤프란

산지미냐노 성곽에서 내려다본 토스카나의 전원 풍경.

(saffron-음식 향신료)과 포도주 등 농산물과 양모 교역 그리고 금융사업이 주요한 경제활동이었다고 한다. 14세기 전반 이 성읍이 번창할 때의 인구는 1만 3천 명. 그러다가 14세기 중반 흑사병이 유행할 때부터 인구가 격감하다가 회복하지 못하고 쇠락의 길로 접어들었다. 이 무렵 산지미냐노는 토스카나공국에 귀속되면서 자치권이 없어졌다. 18세기 이후 농사 개량이 이루어지면서 타운 경제는 어느 정도 회복되기 시작하였고, 그 후 관광산업이 발전하여 관광객의 방문이 늘어감에 따라 타운의 경기가 활력을 되찾기 시작하였다.

산지미냐노 성안 중앙 우물.

산지미냐노 성안 전경.

탐방을 마치고 또 하나의 언덕 위 타운인 볼테라를 보러 떠났다. 볼테라는 산지미냐노에서 20킬로미터쯤 떨어진 산 위(531m)에 위치한 인구 1만 천 명 규모의 공예품을 생산하는 읍성이다. 중부 토스카니 구릉지에 우뚝 선 5백 미터의 산간 읍성에 올라가기 위해 길은 굽이굽이 돌아가며 올라간다. 마침 비가 그치고 해가 난 틈이었는데, 11월 오후의 햇빛이 얼마 남지 않은 석양의 무렵 고도를 더함에 따라 차창으로 보이는 경관이 매력적이다. 제주도에서 한라산을 종관하는 자동차 여행의 기분에 못지않았다. 12세기에 지었다는 성곽 안으로 들어갔다. 성곽 위에서 내려다보는 토스카나의 전원 풍경이 전개된다.

성안으로 들어가니 앨러배스터(alabaster, 설화 석고) 석공예 작품을 전시·판매하는 갤러리가 즐비하다. 볼테라의 앨러배스터 공예는 로마 시대부터 중세를 이어 가며 내려온 예술산업으로, 이 읍촌의 역사이며 경제를 유지하는 중요한 부분이다. 볼테라에는 약 3천 년 전부터 사람들이 살아온 흔적이 여기저기서 발견되었다고 한다. 고고 박물관에 전시되어 있다. 볼테라는 미술공예의 타운이라고 부를 정도로 미술관과 갤러리가 많은 편이지만 우리는 시간상 이를 생략할 수밖에 없었다. 두 군데의 산정 성곽 소도시를 보면서 자신들의 안전과 방어를 위해 지형적으로 높은 곳에 성곽을 짓고 주거와 용수문제를 해결하고 경제를 건설하면서 살아온 고지대 역사도시의 경관을 음미하는 기회가 되었다. 다음에 방문할 피렌체는 아르노 강가 평지에 자리 잡으면서 토스카나의 군웅이 된 역사를 보게 될 것에 기대를 건다.

2. 피렌체

르네상스의 도시

피렌체가 가까워지자 중세 도시의 면모가 여기저기 나타난다. 차가 외곽의 약간 높은 언덕에서 내려오면서 그림에서 본 고풍스러운 역사지구 한가운데 우뚝 선 피렌체 두오모의 모습이 보이기 시작한다. 그림으로 본 로실리(Rossili)의 중세 피렌체 도성과 너무나도 흡사하게 색깔과 스카이라인의 고색이 창연하다. 역사적 피렌체를 만드는 데 기여한 인물과 사건에 대하여 상상해 보았다.

맨 먼저 생각나는 인물은 단테이다. 그는 피렌체 출신으로 13세기 이탈리아 문예 발전에 기여한 세계적인 문예작가이다. 이탈리아 르네상스 실현한 인물로 한때 추방당해 유랑생활을 하던 중 대표작인 『신곡(神曲, *La Divina Commedia*)』을 완성하였다. 그의 『신곡』은 저승 세계로의 여행을 주제로 한 13세기 대표적 서사시이다. 단테는 여행 안내자와 함께 지옥-천국으로 여행을 한다. 그곳에서 수백 명의 신화 속 혹은 역사 속의 인물들을 만나 이야기를 나누며 기독교 신앙에 바탕을 둔 죄와 벌, 기다림과 구원에 관해 노래한다.

르네상스가 꽃피기 전에 쓰였음에도 라틴어가 아닌 토스카니 지방의 언어로 쓰여 있어 이탈리아어 발전의 한 과정을 보여주고 있다고 평가되며, 중세시대의 신학과 천문학적 세계관을 대표하는 이탈리아 문학의 꽃으로 손꼽히는 고전적 문학작품이다.

또 하나의 인물은 『데카메론』을 쓴 보카치오. 암울하던 14세기 흑사병이 대유행하여 다수의 병사자를 내어 유럽 인구의 1/3이 병으로 인해 사망하였다. 대재앙을 겪는 가운데서도 보카치오의 『데카메론』은 이야기를 통해 기지, 재담, 짓궂은 장난, 세속적인 비법 전수 등 무수한 화제를 등장시켜 엮어낸 진귀한 소설집이어

피렌체 전경.

서 14세기의 삶에 관한 중요한 역사적 문서이기도 하다. 보카치오의 『데카메론』은 후세의 작가들이 줄거리나 소재를 많이 빌려 새로운 작품을 썼다고 여겨지는 고전이다. 내용은 이러하다. 흑사병이 대유행하던 14세기 10명의 성인 남녀가 10일간 흑사병을 피해 병균 오염지역이 아닌 산속 별장으로 휴양하러 들어간다. 그들은 무료함을 달래기 위하여 매일 한 사람이 이야기 하나씩을 들려주기로 한다. 10명이 열흘 동안 모은 이야기가 『데카메론』이다. 흑사병이란 끔찍한 상황을 면한 사람들의, 재앙이라는 정신적 충격으로부터 다시 일어서려는 의지가 등장하는 사람들의 이야기 속에 넘쳐난다. 병사자를 길가에 버려 사체가 널려 있던, 당시 지옥과 같은 환경 가운데 쓴 작품이라는 것은 도저히 상상할 수 없다. 어두운 탄식은 없고 쾌활하고도 건강한 삶의 욕망이 『데카메론』을 관통하고 있다.

나의 피렌체 방문기는 나 자신이 하루 걸어 돌아다닐 수 있는 범위 안으로 국한해야 해서 많은 데를 돌아다니며 영상을 포함한 자료를 모으지는 못했다. 그래서 몇 가지의 대상을 깊이 있게 보고 다니기로 하였다. 내가 예약한 호텔은 의외로 피렌체 역이 무척 가까운 곳이었다. 피렌체 일정이 끝나면 로마로 향할 예정이어서 차표를 사기 위해 중앙역 산타마리아 노벨라 역을 찾아갔다. 그리고 저녁을 먹고는 아르노강을 산보했다. 중세 때부터 피렌체 다리의 대표라고 할, 멋진 폰테 베키오 다리가 멀리 보인다. 이 강이 1966년 범람하여 중세 때부터 내려오던 수많은 문화재와 건물이 침수 손실된 재해를 남긴 내력이 있다는 사실이 믿기 어렵다.

16세기 피렌체. 작자 미상.

『데카메론』의 한 장면. 출처 위키미디어 PD.

피렌체 두오모

피렌체를 접근하는 사람들에게 가장 눈에 띄는 랜드마크는 우뚝 선 두오모 대성당의 돔과 그 종탑, 그리고 우피치 미술관의 탑이다. 두오모 대성당의 돔은 시가지구와 도로의 기축이 되어 피렌체의 경관을 결정짓는 랜드마크인 동시에 웅대한 돔의 곡선이 멀리 떨어진 구릉과 조화를 이룬다.

시내에 들어서면 거리는 좁아 대부분이 일방통행이다. 차 한 대가 지나갈 수 있는 너비인데 좁아도 인도를 만들어 비집고 다닐 수가 있다. 그러나 중심부에 들어가면 차량통행이 전면으로 금지되어 있다. 나중에 알았지만 배달 트럭은 새벽을 이용하도록 되어 있다고 한다. 현대에 이르기까지 이런 데에서 중세에 만든 도시구조를 보존하면서 어떻게 천 년을 살아왔는지 의아심과 존경심이 함께 교차한다. 중세에 그린 피렌체 전경과 꼭 닮은 광경을 보고 어떻게 이런 도시풍경을 수백 년 동안 변함없이 유지할 수 있었을까 생각해 보았다.

두오모는 르네상스의 천재적인 예술가가 만들어낸 대표적인 건축이다. 우리는 피렌체에 머무는 동안 여러 번 두오모를 찾아가 보았다. 두오모는 좁은 광장에 압도당할 정도로 너무나 커서 그 위에 있는 돔과 큐폴라는 밑에서는 잘 보이지 않는다. 두오모의 뜻은 주교(bishop)가 있는 주교좌의 성당이라는 뜻이다. 두오모 앞에는 팔각으로 된 세례당(baptistery)이 있는데 수리 중이라서 아쉽게 기베르티의 유명한 부조를 볼 수 없었다. 세례당은, 세례를 받은 교인이 아니면 성당에 들어갈 수 없기 때문에 새 신자와 어린이를 위해 세례를 베푸는 곳이라 한다.

두오모를 보고 난 후 쉴 겸 카페를 찾아갔다. 질리(Gilli)라는 곳이었는데, 같은 자리에서 창업한 지 280년 된 점포이다. 르네상스가 시작된 곳이며 근대문명을 꽃 피운 도시라는 데서 끝없이 공상을 해보는 시간을 가졌다. 무슨 재력으로 이렇게 거대하고 호화스러운 성당을 지었고 유지해 왔는지 궁금하다. 피렌체는 중세 초부터 베네치아나 밀라노와 경쟁적으로 산업을 일으키고 유럽과 지중해에 무역을 활발하게 추진하여 도시 규모를 키워 갔는데, 특히 모직물 산업과 금속공업이 발달하여 이를 통한 부의 축적이 지역경제에 크게 기여한 것으로 나타난다. 도시국가로서 피렌체는 메디치 가문이 통치할 시기에 토스카나의 경쟁하던 시에나와 피사를 완전히 흡수하여 도시국가의 영토에 편입 통치했다.

이탈리아 문예부흥운동을 르네상스라 부르며, 14세기 말부터 이탈리아에서 일어나기 시작해 16세기까지 유럽에서 일어난 문화, 예술 전반에 걸친 고대 그리스와 로마 문명의 재인식과 재수용 운동을 의미한다. 이 문예부흥운동을 통하여 현대 과학혁명의 토대가 만들어졌고, 역사적으로 중세와 근세를 잇는 문명사적 대운동이 되었다. 르네상스의 신호를 알린 새로운 스타일의 예술과 건축이 피렌체에서 두오모를 둘러싸고 탄생한다. 후지사와 미치오는 로렌초 기베르티(Lorenzo Ghiberti, 1378-1455)의 피렌체 대성당 세례당의 〈천국의 문〉

피렌체 두오모 대성당 전경.

〈천국의 문〉에 새겨진 창세기 아담과 이브 이야기.

부조 작품을 피렌체 르네상스의 시작이라고 소개한다.

15세기의 첫 번째의 해인 1401년, 피렌체에서는 도심에 창건한 자랑스러운 산지오반니 (디자인) 세례당(피렌체의 상징인 두오모 대성당 앞에 있는 예배당)의 출입문을 장식할 부조 제작을 위해 피렌체 의회가 미술 콩쿠르를 개최하여 화제를 불러일으켰다. 작업 과제는 구약성서의 「이삭의 희생」. 사랑하는 아들 이삭을 번제물로 바치라는 하나님의 명을 받고 아브라함은 고뇌 끝에 아들을 산으로 데리고 올라가서 제단 앞에서 아들의 목을 자르려는 순간, 천사가 날아와서 아브라함의 손을 잡고 만류한다는 장면을 사방 한 자(尺) 정도 되는 청동 패널로 만든 고딕 스타일의 액자 안에 부조로서 묘사하라는 주문이었다.

당대의 이름 있는 작가들이 응모하였는데 예선에서 로렌초 기베르티와 필리포 브루넬레스키(Fillipo Brunelleschi, 1377-1446)라는 무명의 젊은 작가가 선정되었다. 기베르티의 작품은 인문주의 교양의 바탕을 두고 고전미술의 면밀한 연구를 거쳐 온건하게 고딕 미학으로부터 이탈하려는 경향을 보인 '자연공간'의 작품이었으나, 브루넬레스키는 과감하게 인간의 육체와 자세를 가지고 새로운 공간을 구축하는 것이었다. 이 새로운 공간 원리야말로 훗날 그가 이론화 체계화한 '원근법'이었으며 그의 「이삭의 희생」이야말로 빛나는 이탈리아 르네상스의 개막을 알리는 최초의 호포(號砲)였다. 그러나 그의 독창성은 인정받지 못하고 기베르티의 작품이 선정된다. 이렇게 하여 세례당 출입문을 장식하는 28개의 부조 작품 제작은 약관 22세의 기베르티에게 위촉되었다.

15세기 초기 청동을 재료로 하는 작업은 대리석 조각 작업보다 기술적으로 매우 어려운 작업이었다고 한다. 그때는 아직 산업혁명 후에 나타난 주형제작기술이 없어 매우 어려운 과정을 거친 것 같다. 그는 제자들과 일일이 밀랍으로 세세한 인물을 새긴 다음 그 위에 점토를 바르고 불을 지펴 이를 녹여 생긴 굴곡

〈천국의 문〉 부분. ⓒ 에테르.

에 용해된 구리물을 주입한 것으로 추정하고 있다. 청동 릴리프 표면에는 금분을 수은에 섞어 발랐는데 어떤 부분에는 아직도 그때 도금칠한 붓자국을 볼 수 있다고 한다. 마지막 과정은 청동도금 패널을 가열하여 수은을 녹여 금분이 청동 부조에 고정시키는 작업이었다. 이렇게 하여 기베르티는 표면이 곱고 부드러우면서도 빛이 반짝이는 불후의 작품을 남길 수 있었다.

이 작업을 시작으로 그는 향후 50여 년 동안 피렌체 두오모의 감독으로 세례당의 세 개의 문의 외부 패널에 구약과 신약의 여러 이미지를 창조적으로 새겨 넣었다. 당시 구약성서는 그리스어로 되어 있었기 때문에 기베르티는 트라베르사리라는 그리스 학자의 도움을 얻어 성서를 번역한 것으로 전해진다. 그리하여 제3의 문인 북문에 구약성서의 10개 장면(아담과 이브, 카인과 아벨, 노아, 아브라함, 이삭, 요셉, 모세, 여호수아, 다비드, 솔로몬의 이야기)을 문 표면에 요철(relief) 방식으로 조각하였는데 평면에 원근법을 이용하였을 뿐만 아니라 밑에서 위로 쳐다볼 관상자의 위치를 감안하여 그림의 밑 부분과 위를 비례적으로 그려 넣은 첫 번째

사례로 이야기된다. 이 문의 제작에 소요된 시일은 1425년부터 27년 동안 걸렸다고 하는데 완상될 때 기베르티의 나이는 70세가 되었다. 미켈란젤로가 기베르티의 작품을 일컬어 '천국의 문'이라고 명명하여 지금도 그렇게 불리고 있다.

이 천국의 문으로 말미암아 글을 모르는 평범한 사람들이 처음으로 구약의 중요한 이야기를 알 수 있게 된 것이 중요한 문명사적 사건이라 할 수 있다. 이렇게 완성된 문은 수백 년 동안 잘 보존되어 사람들은 두오모를 방문할 때마다 감상할 수 있었다. 그러다가 제2차 세계대전 중에 폭격으로 파손을 우려한 나머지 문을 떼어서 구내 박물관에 이전 보관하다가 1948년 전쟁 후 다시 제자리에 복원하였다. 그러나 1966년 대홍수 때 아르노 강물이 범람하여 피렌체 시내가 1-2미터씩 물에 잠기고 전기가 끊기는 사태가 일어나면서 기베르티의 세례당 문을 부수고 밀어 세례당 내부가 침수되었다. 피렌체가 물에 잠기자 전국에서 거국적으로 수해의 연금이 답지했고, 전국에서 젊은이들이 자원봉사로 몰려들었다. 이때 여섯 장의 패널이 문틀에서 떨어졌다. 대성당 관리소는 이때부터 문을 복제하여 원본을 박물관에 보존하기로 방침을 바꾸었다. 오늘날 관광객이 보는 천국의 문은 복제품이다.

두오모 대성당은 1296년 착공하여 140년 걸려 완성한 피렌체의 심벌이다. 건축 당시는 세계에서 제일 큰 성당이었고, 지금도 세계 20번 이내에 드는 건축이다. 정면 파사드는 1887년에 완성시켰다 하니 건립에만 600년 걸린 셈인데 외벽은 성인들의 조각으로 가득 메웠다. 외벽재는 이탈리아 각지에서 나는 흰색, 녹색 및 주황색 색깔 대리석을 조형성 있게 입혔다. 내가 유럽에서 본 성당 건축 중 이렇게 외장이 아름다운 건물은 본 적이 없었다. 후면에 돔이 우뚝 높이 서 있지만 너무 가까운 데 있어 앞이나 측면 벽에 가려 온전한 모습을 광장에서 잡기는 불가능했다. 돔은 지상 백 미터 정도의 높이라고 한다. 돔은 안팎 이중 셸(shell, 껍데기)로 되어 있고, 그 사이로 천정까지 올라가는 통로가 건설되어 있어 오늘날에도 8유로를 내고 463개의 계단을 올라가면 큐폴라 전망대에서 피렌체 시내를 한눈에 조망할 수 있다.

1419년 두오모, 정식 명칭은 '꽃의 성모 대성당(Cattedrale di Santa Maria del Fiore)'의 핵심인 돔과 그 상부 큐폴라 공사의 디자인 공모가 발표되었다. 피렌체의 스카이라인을 지배하는 돔의 내력에 대해 위키피디아와

『내셔널 지오그래픽』(2014. 2)에 실린 글을 간추려 여기 소개해 본다.

대성당은 원래 5세기에 지었던 것인데, 여러 차례 수리하여 900년이란 세월이 지난 13세기 말에 이르니 많이 노후해진 데다 피렌체의 인구가 늘어나 신자를 수용하기에 부족한 지경에 이르렀다. 그 당시 다른 토스카나의 도시 피사나 시에나에서 야심에 찬 대규모 성당 재건축이 추진되고 있었다. 당시 유럽의 어느 곳보다도 풍요를 구가하던 피렌체의 위정자들은 첨단 도시의 위상을 상징할 대성당을 건립하기로 하고 피렌체 모직물 생산업자가 주축이 된 시의회 건립추진위원회가 발족하였다. 대성당의 평면은 십자가를 기본으로 하고 앱스 부분을 돔으로 건축하는 설계였다. 1296년 대성당 건축공사가 시작되었다. 성당은 14세기 중반 수많은 목숨을 앗아간 흑사병 환란을 겪으면서 15세기에 중앙 신도석(nave) 부분은 완성되었지만 제단 상층 부분의 돔은

두오모 대성당 돔의 외관.

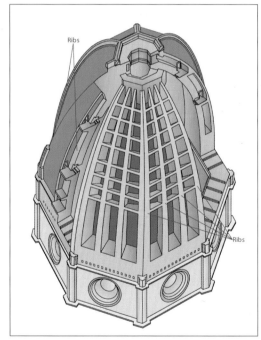

돔의 내부 구조.

두오모 대성당의 야경. ⓒ 밀로소비츠.

미완성인 채 남았다. 대성당에 제단이 있어야 할 곳에 해마다 겨울비는 새어 들고 여름 따가운 태양이 내리쬐고 있었던 것이다. 1418년 피렌체 추진위원회는 오랜 시간 고민해 온 두오모의 상층부의 미완성 부분을 해결할 방안을 모색하기 시작하였다.

지상 50미터 높이까지 올려 지어 있는 상태에 벽 위에 직영 45미터의 팔각형 돔을 지어야 했다. 수만 톤의 건축자재 무게를 버티어 줄 형틀(template)을 만드는데, 로마의 판테온이나 이스탄불의 블루 모스코를 건립할 때처럼 목재로 형틀(template)을 짜서 버티어 주는 방법이 있었지만, 형틀을 만들려면 토스카나에 방대한 목재를 조달하기도 힘들고 비용이 만만치 않아 고민하고 있었다.

건립추진위원회는 수백만 개 이상의 벽돌이 들어가서 수만 톤의 지붕 무게를 지탱할 공사 방안을 공모하기로 결정하였다. 창작 공모가 공표되면서 피렌체 작가의 창작 의욕에 손짓했다. 갖가지 아이디어가 쇄도하였다. 브루넬레스키도 또 응모하였다. 세례당 경합 때처럼 기베르티와 브루넬레스키와의 대항이었는데, 이번에는 브루넬레스키가 작업을 맡게 된다. 세례당 문 공모에 패했던 그는 로마에 가서 몇 년 동안 판테온을 비롯하여 고건축을 열심히 관찰하고 연구한 결과로 얻은 승리라고 하겠다.

그는 이중의 돔을 짓되 천문학적 비용이 들 형틀을 가설하지 않고 돔을 건축하겠다는 방안을 제시하였다. 20년 전에 세례당 천국의 문에 공모하였다가 기베르티에게 패한 경험이 있는 금속공예 기술자 브루넬레스키는 건축에 별 경험이 없어 추진위원들은 매우 회의적이었다. 그는 기술적 설명을 거듭하여 드디어 설계를 맡게 된다. 그는 심사위원들에게 돔을 쌓으면서 가중되는 무게 부하를 견딜 수 있는 방책을 설명하여 납득을 시키지만 동시에 미지의 시공기술에 위험 부담이 있음을 완전히 해소하지는 못한 것 같다. 아마도 기술에 대한 위험부담은 있었지만 형틀을 짓지 않으면서 절감되는 자재와 인건비가 그의 제안을 채택한 큰 요인이었을지도 모른다. 공사가 진행될수록 그의 설계가 얼마나 뛰어난 계획이었나를 증명한다. 그의 설계는 같은 축을 가진 이중의 동심원의 셸 구조를 짓되 사이에 공간을 두어 지붕 꼭대기까지 올라가는 계단을 쌓을 수 있게 하였다. 내부 돔은 마감재로 도장 후 벽화를 그릴 수 있게 하였다. 16년이란 세월을 들여 돔을 완성시켰다. 4백만 개의 벽돌을 쌓아 만든 돔은 이제까지 상상하지 못했던 기술을 채용하여 그의 천재성을 증명하였지만 지금

피렌체 두오모 대성당 성소.

그의 설계에 관한 아무런 도면도 자료도 남은 것이 없어 어떻게 건축하였는지 상세하게 알 수는 없다고 한다. 브루넬레스키의 돔은 그 후 바티칸 베드로 대성당 돔 건설에 벤치마킹되었고, 수백 년 후 미국 의사당 돔의 모델이 되었다.

돔의 위에서 아래로 넓어지는 볼륨과 건물 전체의 힘을 한 곳으로 집중시키는 것 같은 형태는 밀라노 대성당의 수없이 많은 첨탑으로 하여금 힘을 위로 확산시키는 듯한 고딕 대성당과 아주 대조적이다. 1436년 3월 25일 성수태고지절에 교황 유게니우스 4세 참석 하에 중공 봉헌 예배를 드렸다. 준공된 후 '꽃의 성모 대성당'은 도나텔로, 우첼로, 로비아와 같은 예술가들에 의해 장식되어 르네상스의 탄생지를 입증하는 현장이 되었다. 완성된 후 내부 천정엔 바사리가 '최후의 심판'을 그려 넣었다. 그리하여 기베르티의 부조가 새겨진 세례당의 제1, 제2, 제3문과 더불어 탈 고딕 조류를 확립한 피렌체 미술의 황금시대라고 일컫는다. 이후 미켈란젤로, 다빈치, 라파엘로 등의 박식가들이 뒤이어 회화, 건축, 조각 등에서 다방면의 재능을 드러내었다. 중세시대는 유럽 어디를 가나 교회건축이 건축문화의 주역이 된 사실을 목격할 수 있다.

이와 같이하여 미술과 건축분야에 거장이 탄생하게 되고 르네상스의 꽃이 피렌체에서 피었다. 도시의 이름도 꽃이다. 그때부터 6~7백 년이란 세월을 지나오면서 피렌체는 이탈리아의 다른 도시들이 경험한 약탈과 파괴를 경험하지 않는 기적과 행운의 도시로 남게 된다. 르네상스 문화유산에 파괴의 위험이 전혀 없었던 것은 아니다. 위기가 있을 때마다 피렌체의 사람들은 뜻을 합쳐 위기에 대응하였다. 최대의 위기는 1494년 이

두오모 대성당 돔의 미켈란젤로 조각.

탈리아를 침공해 온 프랑스군이 피렌체를 포위했을 때였다. 이때 의회와 시민대표들은 프랑스 왕 샤를를 설득하여 문화유산을 파괴·약탈하지 말도록 설득하였다. 이 전화를 면한 기록이 피렌체에 기록으로 남아 있다. 제2차 세계대전을 거치면서도 폭격을 맞지 않고 문화유산을 지켜온 데는 이와 같이 꽃의 도시 피렌체 사람들의 문화와 유산을 지키려는 자발적인 의지와 참여가 있었기에 가능하였을 것이다. 그런데 피렌체 사람들에게 1966년 일어난 아르노강의 범람으로 인한 피렌체의 침수는 최악의 기억으로 남는다. 이때 피렌체의 귀중한 문화재가 치명적으로 타격을 받았다. 그래서 시내 곳곳에 그때의 침수 레벨을 기록한 패널을 붙여져 있는 사실을 찾아볼 수 있다.

메디치 가문

피렌체 중심가 산책은 두오모에서 공화국 광장에 이르러 메디치 가의 저택과 공화국 청사 그리고 우피치 미술관으로 이어진다. 광장과 우피치 미술관에는 피렌체의 영광이 깃든 조각과 회화가 즐비하다. 로마 베드로 대성당의 피에타를 조각한 미켈란젤로의 다윗의 나상이 피렌체 공화국 광장에 있는데 그의 조각은 르네상스 시대를 통해 가장 탁월한 작품의 하나로 손꼽는다. 다윗은 구약성서에 나오는 이스라엘 왕국의 두 번째 통치자인데, 다윗이 거인 골리앗을 치기 위하여 "돌을 집어 물매로 던지려"(구약성서 사무엘상 17장 49절)고 하는 듯 노려보는 자세를 표출한 것이다. 대리석을 재료로 한 5.17미터 크기 조각 작품은 인간의 강인한 힘과 미를 상징하는 작품으로 예술사상 유명한 작품의 하나이다. 자세히 보면 매부리코라든가 할례의 흔적이 없는 성년이 되어 가는 유대인을 그려놓은 것이 유대교와는 다른 기독교적인 모습을 찾아 볼 수 있다. 더불어 다윗의 표정과 외견에 그 인물의 내면성을 확연하게 표출시킨 느낌을 받아 미켈란젤로의 천재성을 속으로 감탄할 뿐이었다. 한 해설서에 따르면 원래 거인에게 대항하는 다윗 상을 발주 제작한 의도나 석상을 피렌체 베키오 궁 앞에 놓아둔 것은 도시국가 피렌체의 주변국가에게 대항하는 자세를 상징하는 것이라고 안내하고 있다. 야외에 설치한 조각상은 정정이 불안하거나 간혹 의도된 파괴에 노출되어 몇 번 수난을 당했다고 한다. 그래서 다

미켈란젤로의 조각들.

윗상은 1872년 이래 아카데미아 미술관의 중앙홀에 놓여 있고 원래의 위치에는 레플리카가 서 있다. 다윗의 석상은 미켈란젤로 언덕 위에도 그밖에 여러 곳에 다비드 상이 복제되어 있다.

　이탈리아의 르네상스는 인문주의 곧 신 중심에서 사람 중심으로 생각이 바뀌는 지적 흐름과 이탈리아 중 북부가 도시국가 형태의 자치상태에 놓여 있었다는 점과 관계가 깊다. 당시 피렌체는 지중해 무역으로 번영하여 토스카나지방의 중심지였고 14세기경부터 교회, 이슬람 세계, 동로마제국 등의 고전문화에 영향 받게 되었다는 것이 일반적인 이해이다. 르네상스의 시작점을 오스만투르크의 콘스탄티노폴리스의 함락(1453년)에서 찾는 관점도 있다. 그것은 대포와 화약이 전쟁의 중심으로 들어온 전환점이 된 전쟁이었고 비잔티움제국, 그리스 학자들은 그리스 로마의 문헌들을 가지고 로마로 도망쳤다. 이들은 이탈리아에 새로운 에너지를 주었으며 유럽의 오래된 종교적 질서가 붕괴되는 것에 일조하였다.

　르네상스 시대는 고전주의로의 회귀와 합리적 접근은 침체했던 예술을 되살리고 새롭게 과학의 발전을 가져온 시대라고 풀이한다. 암흑시대를 거친 후 유럽의 문화수준은 인근의 이슬람 문명권에 비하여 많이 낙후되어 있었다. 십자군 원정군과 이슬람과의 접촉과 교류를 통해 아라비아어 문헌의 입수와 번역을 통해 이슬람의 문화와 학문이 서유럽에 유입되었다. 14세기는 비잔틴제국(동로마제국)이 터키족에 밀리고 15세기에 들

폰테 베키오 다리. 지금도 금속공예 가게가 가득하다.

피렌체 시가.

면 비잔틴제국이 몰락하는 정세 아래 이슬람이 되었던 이베리 아반도의 학자들이 그리스 문명을 받아들여 소화하고 이를 다시 유럽으로 매개하는 역할을 했던 것이다. 이와 같은 흐름 속에서 낙후되었던 유럽 문화를 피렌체를 중심으로 고전주의 문화적 유산을 온고지신하고 되살려 승계하고 발전시킨 것이다. 여기서 특히 주목하고 싶은 것은 아라비아인들의 저술을 통하여 아리스토텔레스의 철학이 새롭게 해석되고 재발견되어 훗날 스콜라 학파를 만들어 주는 계기가 되었고, 이는 르네상스의 밑거름이 되었다는 것이다.

공화국 광장은 피렌체를 수백 년 통치한 메디치 가문의 터다. 피렌체의 무수한 르네상스의 작품은 메디치 가문의 후원이 있었기에 가능했다. 기베르티와 많은 초기 예술가와 보티첼리, 미켈란젤로와 같은 후기 예술가를 보호 육성하여 문예부흥을 꽃 피우게 하였다. 메디치(Medici)는 이탈리아어로 의약의 의미를 지녔다고 하는데, 조상은 약업 도매상을 해오면서 착실하게 성장하면서도 항상 예술가와 주위 사람들에게 후원을 아끼지 않을 것으로 알려졌다. 지오반니 메디치가 1397년 은행을 창립하여 영업이 커가다가 1410년경에는 로마 교황청 회계재무 관리를 맡게 되면서 금융계에 두각을 나타낸다. 메디치 가는 이탈리아 주요 도시뿐만 아니라 런던, 제네바, 아비뇽에 지점을 두면서 금융으로 크게 돈을 모아 전 유럽에서 몇 안 되는 손꼽는 부호가 됐다. 이러하여 메디치 가의 재무 능력은 당시 제후들이 통치하는 데 또는 전비를 조달하는 자금원으로 발돋움하였다고 한다. 그의 아들 코시모(1389-1464)는 피렌체 정가에서의 메디치 가의 위치를 확고히 구축하여 말년에 일 베키오(Il Veccio, 위대한 지도자)로 추앙 받았다. 그의 손자 로렌초(1449-1492)는 로렌초 일 마그니피코(Lorenzo Il Magnifico, 위대한 로렌초)로 불릴 만큼 막강한 군주로 등극하였다. 교황 클레멘스 7세(재위 1523-1634)와 교황 레오 10세(재위 1513-1521)는 로렌초의 손자로 메디치 가문 출신이다. 메디치 가는 1737년까지 피렌체 공화국의 정치를 지배했다. 메디치 가는 학자 예술가의 후원 이외에도 수많은 도서를 수집하여 도서관을 지어 보관했다. 이 때문에 유럽 전역에서 학자 예술가들이 피렌체로 모여 들었고 르네상스 예술이 만개하는 데도 한 요인이 되었다. 메디치 가문이 지배하던 15세기부터 18세기에 건설된 저택과 정원과 빌라들이 세계유산으로 등재되어 있다.

걷는 사이, 비가 좀 거세게 내려오기 시작하여 폰테 베키오 다리를 건너면서 금속공예 상가는 보는 둥 마는 둥 하고 허둥지둥 차를 잡아타고 호텔로 향하였다.

그 다음 날, 구름이 오락가락한 날씨다. 아침 미켈란젤로 언덕에 가기 위해 중심가 외곽을 도는 13번 버스를 탔다. 대형 버스는 한국에서는 상상하지 못할 거미줄과 같은 좁은 길을 곡예를 하는 것처럼 거리를 요리조리 누비고 지나갔다. 나의 상식으로는 대형버스는 적어도 4차선 도로 이상 또는 양방향 도로에나 다니는 줄 알았는데 일방통행 도로, 그것도 길가에 주차된 차 사이를 누비고 거침없이 지나간다. 그만큼 피렌체 시민의 주차는 나름대로 대형 버스가 통행하기에 지장이 없도록 주차해 놓고 있다는 증거이다. 30분 만에 버스는 아르노강 건너 나지막한 언덕에 시내가 한눈에 내려다보이는 언덕 위에 내려 주었다. 피렌체의 상징인 두오모의 둥그런 돔이 내려다보인다. 시가지 스카이라인은 아주 고른 편이고 두오모의 둥근 지붕, 그 옆의 타워 그리고 우피치의 타워만이 우뚝 서 있다. 날씨는 한참 찌푸린 날씨였다가 해가 잠깐 나타났다. 아르노강 동편 언덕으로 르네상스의 정원을 재현한 바르디니 정원의 담이 시가지의 경계인양 언덕을 올라 저편으로 넘어간다. 항상 그렇지만 사흘을 보내면서 제대로 볼 것도 다 못 보고 내일은 피렌체를 떠나야 한다.

1. 아헨: 중세 이전

라인강 일대 문화경관을 살피는 여정은 짧았지만 값진 여행이었다. 첫날은 마인츠에 여장을 풀었다. 프랑크푸르트나 마인츠 모두 라인 강을 끼고 있는데다 라인강 크루즈의 시발점이기도 하였기 때문이다. 다음 날 아침 아헨부터 찾아가 보기로 하고 고속철도로 쾰른을 경유해 11시경 초겨울 비가 부슬부슬 내리는 아헨 역에 도착하였다. 이날은 프랑크제국(신성로마제국) 카를로스 대제(샤를마뉴라고도 함)가 한때 정도한 아헨의 성당과 공회당을 답사한 후 쾰른을 거쳐 코브렌츠 근처의 고성 호텔까지 바쁘게 가는 여정이었고, 다음 날은 라인강 가를 달리는 기차를 타고 로렐라이 전설의 고향의 장크트 고아르스하우젠(St. Goarshausen)을 거쳐 다시 마인츠로 오는 일정이다.

제2차 세계대전 직후의 아헨 성당.

라인강 일대는 고대 로마제국 시대부터 로마군이 주둔하면서 문명이 발달하였다. 게르만 민족은 4-5세기경 이주하여 온 이래 일찍부터 집단으로 거주하다가 그리스도교를 받아들이고 목축을 하면서 살았다. 그러면서 차차 라인강의 수운을 이용하여 교역을 하면서 상업이 발달하여 도시로 발전하였다. 라인 강변의 쾰른 같은 도시는 신성로마제국을 받쳐 주는 주요한 지역이었고 중세에는 한사동맹의 멤버로 번영을 누렸다. 신성로마제국의 황제를 뽑는 7인 선제후(選帝侯-제왕을 뽑는 제후) 중 두 명이 마인츠와 쾰른의 대주교였다는 사실이 이 지역이 독일 역사에 끼친 영향을 가늠할 수 있겠다. 역사도시 마인츠는 구텐베르크가 인쇄술을 발명한 곳이기도 하다. 코블렌츠에서 마인츠까지의 라인강 중류지역은 '라인강의 문화경관'으로 유네스코의 세계유산으로 등재되어 있다.

먼저 5세기부터 15세기 정도까지의 독일의 내력을 훑어보면 이렇다. 로마문명이 미쳤던 다뉴브강 이남과 라인강 일대에는 게르만 민족이 정착하여 로마도시의 전통이 계승되었고 그리스도교도 받아들였다. 8세기부터 카롤링거 왕조라고 불리는 프랑크왕국이 성립되어 중부 유럽과 이탈리아를 차지하는 제국으로 발돋움하여 신성로마제국으로 발전하였고 이어 합스부르크 왕가가 이어받아(1273) 내려왔다. 합스부르크 왕가는 프러시아가 독일을 통일할 때(1871)까지 존속하였으니 신성로마제국은 명목상으로는 이때까지 천 년 동안 지속되었다. 프랑크제국을 반석 위에 올려놓고 그리스도교를 유럽에 정착시키는 데 공헌을 한 이는 프랑크왕국의 샤를마뉴 대제이다. '샤를마뉴'는 프랑스어의 Charlemagne의 의미로, 라틴어 원명은 카롤루스 대제(Carolus Magnus)의 표현이다. 독일에서는 그를 카를 대제(Karl der Große), 영국에서는 찰스 대제(Charles the Great)로 부르지만, 영미에서도 '샤를마뉴'로 불리는 경우도 드물지 않다. 오늘날의 독일, 프랑스, 이탈리아의 원형은 프랑크왕조에서 출발하였다는 것이다. 그는 파리에서 통치를 하였으나 한때 독불 국경도시 아헨(Aachen)에서 등극하여 통치한 시기가 있어 그의 유적이 남아 있다. 쾰른에서 멀지 않아 직접 가서 보고 확인하고 싶어 아헨부터 찾았다.

아헨 역에 내리니 비가 부슬부슬 내리고 있었다. 택시를 잡아 타고 아헨 대성당으로 향했다. 성당은 외관을 관찰하고 샤를마뉴 센터와 아헨 공회당을 찾았다. 샤를마뉴 대

아헨 거리.

아헨 박물관에서 본 아헨 성당.

프랑크왕국 샤를마뉴 대제 즉위 기념홀.

제는 아헨에 성모마리아 성당과 프랑크제국의 궁궐도 지었는데 성당은 온전히 보존되어 있으나, 궁궐은 흔적만 남아 있다. 아헨에 그가 왕위에 오른 왕좌와 그의 무덤이 있다. 비는 계속 내리고 더 이상 사진 촬영도 어렵고 돌아가야 할 기차시간도 여유가 많지 않아 공회당의 대제 즉위식과 다른 사진을 찍고 여기를 떠나야만 했다.

　샤를마뉴는 재위시대에 현재의 독일과 프랑스 및 이탈리아 거의 전부를 아우르는 영토를 지배 통치하였고, 오늘의 서유럽 통합의 틀을 만들어 EU라는 국가연합의 기초를 닦아 놓은 유럽의 아버지라고 한다. 이런 연유로 유럽연합 EU는 아헨에서 매년 유럽 통합에 공이 있는 '사람에게 '샤를마뉴 대상'을 수여한다. 샤를마뉴 대제는 문예부흥에 앞장섰다. 그리하여 그 시기의 문예 부흥 운동을 '카롤링거 르네상스'라고 부르기도 한다. 대제는 유럽의 유능한 학자들을 아헨에 불러 교육을 장려시키고, 신학자, 천문학자, 수학자를 불러 놓고 자유로운 저술을 하게끔 여건을 조성해 주고 많은 전적을 간행하도록 했다.

샤를마뉴는 로마 교황 레오Ⅲ로부터 이탈리아 북부와 중부를 점령 지배하고 있던 롬바르드를 물리쳐 달라는 요청을 받고 이를 물리치고 로마 근처의 영지를 로마 교황에게 헌납한다. 이런 연유에서 그는 800년 로마 교황청에서 서로마제국의 황제 즉위의 대관식을 갖게 된다. 그는 북으로는 엘베강 유역까지 진격하여 작센족을 정벌하고 가톨릭으로 개종시켰다.

그리하여 엘베강은 아주 오랜 기간 동안 서유럽과 동유럽의 경계선으로 남아 유럽 문화를 구분하는 기준이 되었다. 제2차 세계대전 때 나치 독일을 진격하던 미군과 소련군이 마주친 곳이 바로 엘베강이고, 종교개혁을 부르짖은 루터의 비텐베르크 역시 엘베 강가에 자리 잡고 있는 소도시로 동독에 속했던 지역이다.

샤를마뉴 대제는 정복지의 치안, 사법, 군사를 담당할 기구로서 교회의 주교구를 택했다. 엄청난 영토를 정복했지만, 통치 방식은 중앙집권적이지 못했고 제국 내의 주교와 제후는 상당한 독립성과 권력을 스스로 보유한 분봉 국가체제로 운영되었던 것이다. 즉, 하나의 제왕 밑에 수많은 봉건 제후들이 존재하는 지방분권 사회와 유사했다. 이 시기는 실제로, 게르만의 이동 등 수많은 민족이동이 계속 진행되고 있던 시기로 사회는 매우 유동적이어서 강력한 중앙집권은 창출 유지하기가 어려웠던 시기가 아니었나 생각된다.

샤를마뉴 대제 사후(814) 프랑크제국은 3명의 아들에게 분할 상속하여 동·서프랑크제국으로 나뉘었다. 이는 오늘날의 독일과 프랑스의 원형이 된다. 이때 갈라선 후 독일에 사는 사람과 프랑스에 살던 사람의 말이 전혀 다른 형태로 발전하였다. 그러나 1천2백 년 남짓한 시간 속에서 독일어는 게르만어족으로 남아 있고, 프랑스어는 로망스어족에 속하는 언어로 발전한 현실을 나는 잘 가늠하질 못하겠다. 동프랑크제국은 843년 신성로마제국으로 선포하였는데, 독일어로는 '도이치 민족의 신성로마제국(Heiliges Römisches Reich Deutscher Nation)'이라고 불렸다. 1273년부터는 제후들이 황제를 선출하는 선제후(prince electors) 제도를 두게 된다. 14

세기부터는 트리에르(Trier), 쾰른(Köln), 마인츠(Mainz)의 대주교가 참여하여 7인의 선제후가 황제를 선출하였다. 특이한 것은 대주교가 3명이 포함될 정도로 교회 권력은 막강하게 신장한 것이라 하겠다. 중세의 유럽은 교화와 사회가 일체화되어 있던 시대였고, 그때는 근대에 볼 수 있는 민족의식은 없었다. 당시 유럽인에게 인간이라는 것은 그리스도교인이라는 것과 같은 의미를 지녔던 것이다.

제2차 세계대전 직후의 쾰른 대성당 앞.

2. 마인츠: 중세 이후

나는 르네상스 이후 근대에 이르는 과정에서 인류문화 발전에 의미 있는 계기를 마련해 준 마인츠에 와서 인쇄기술을 개발했던 구텐베르크에 대하여 알아보려고 여기로 다시 돌아왔다. 마인츠는 라인강 중류에 자리 잡은 인구 20만 정도의 중규모 도시로서 근대에 이르기 전 프랑크푸르트에 경제활동의 중심이 옮겨지기 전까지 라인강의 수운을 이용하여 대서양까지 교역이 활발하게 이루어졌던 곳이었다. 하지만 마인츠의 위치는 정치, 문화의 도시로서의 역할이 더 두드러지며 마인츠 대주교 교구소재지로서 독일에서 그리스도교 활동의 중심지 역할을 해왔다. 마인츠의 대주교는 신성로마제국 시대에 황제를 뽑는 7선제후 중의 하나였고 알프스 이북의 교황의 권세를 대리한 막강한 대주교였던 것이다.

마인츠 역사지구 안의 구텐베르크 박물관을 찾아 나섰다. 구텐베르크 박물관은 마인츠 대성당과 광장이 끝나는 지점에 있다. 대성당은 994년 착공하여 1037년 준공한 로마네스크식 건물로 고딕식의 쾰른 대성당보다 오래된 건물이라 한다. 대주교 관할 성당답게 규모가 어마어마하다. 서편 광장에는 중세 이후부터 있어 온 시장이 서는데 아직도 사람들의 발길을 끌고 있었다.

1439년 처음으로 금속활자로 42행 성경을 인쇄

구텐베르크 박물관에 전시된 활판.

마인츠 대성당 앞 시장.

하여 반포한 구텐베르크의 기념박물관. 박물관은 광장 한편 끝에 고딕식으로 지어져 있는데 그의 사후 500년이 되는 1900년 그의 업적을 현창하고 널리 알리기 위해 마인츠 시 도서관의 일부로 설립되었다. 건물의 전시품은 근대 출판업자와 수장가들이 기증으로 모은 것인데, 구텐베르크의 인쇄공방과 최초의 인쇄 성경, 그리고 각종 인쇄기술에 관한 정보, 장정된 제본 서적 등이 상세하게 전시되어 있었다. 우리나라의 「직지심경」과 관련된 인쇄기술에 관한 정보와 문화도 전시되어 있음을 인상 깊게 눈여겨보았다.

구텐베르크 박물관.

　돌아가는 차 속에서 오늘날 우리가 사는 현대에 구텐베르크의 인쇄기술이 가져다준 영향을 생각해 보았다.　활판인쇄라는 시각적인 미디어가 발전함에 따라 커뮤니케이션에 있어서 음성언어를 통한 대화보다 글 읽기가 커뮤니케이션에 있어 지배적인 수단으로 대체되었다. 쉽게 글을 접할 수 있게 됨에 따라 지식층이 증가하면서 문명이 자리 잡게 되는 전환기를 맞이한다. 구전(口傳)으로 전해 내려오는 문화와 필기문화의 다른 점은 구전의 세계의 단순성을 넘어 언어를 시각적 세계로 만드는 것이다. 기록은 시간과 공간의 한계를 넘는 지식의 저장을 의미했으며, 같은 내용의 책이 복제된다는 것은 정확한 기록의 전파를 의미한다. 인쇄술이란 대량 복제의 수단은 대량의 정확한 기록을 짧은 시간 안에 콘텐츠를 복제하여 넓은 공간에 전파되게 되었다. 이것이 교통기관의 발달이란 혁명을 맞으면 철도의 속도로 그리고 대량으로 퍼지게 될 수 있었다.

결국 르네상스와 종교혁명, 그리고 과학혁명과 같은 문화의 변혁은 인쇄술이 가져온 문명사적 해프닝이다. 인쇄술이 없었더라면 우리가 향유하는 사회적 발전은 불가능하였다. 마틴 루터의 가톨릭교회 비판은, 인쇄술의 힘으로 많은 사람들(매스)과 커뮤니케이션이 가능하였기 때문에 광범하게 퍼져 갔고 종교개혁의 동력

구텐베르크 박물관에서 관람객들은 직접 활판인쇄를 체험할 수 있다.

을 얻었던 것이다.

인쇄술은 또한 국민과 국어의 형성에 결정적인 역할은 했다. 17세기부터 많은 인쇄물이 유통되기 시작하는데, 하나의 왕국에 통용되는 언어가 다르다면 인쇄물이 통용되기 힘들다. 여기에서 일정지역의 언어를 동질로 표준화할 필요가 생긴다. 유럽에서 당시 지배층과 지식층이 사용하는 언어는 라틴어가 공용어였다. 어떤 한 지방에서 사용하는 언어는 다른 지방에서는 통용되지 않는 방언이었던 것이다. 구시대에 우리나라에서 지식층에게만 통용된 한자문화권과 같은 것이다. 그러던 언어생활에 인쇄술이 등장하여 광역적으로 통용되는 언어의 기록 시스템이 구축됐던 것이다.

이때까지 국민이나 국가란 개념은 존재하지 않았다. 국민이란 한 지역의 사람들의 정신세계에 그려진 상상의 정치적 공동체이다. 그전까지 공동체란 지역 생활공동체나 종교공동체가 전부였다. 그런데 여기에 국민이라는 새로운 개념이 등장하게 된다. 프랑스라는 나라의 개념은 영불 사이의 백년 전쟁 때 잔 다르크라는 영웅이 생겨 프랑스라는 공동체의 개념을 창출하게 된다. 이런 개념을 낳게 하는 계기는 인쇄자본주의의 등장이다. 마셜 맥루한은 『구텐베르크의 은하계』에서 "활자를 쓴 인쇄는 생각도 미치지 않은 새로운 환경을 만들었다. 그것은 독서하는 공중을 창조한 것이다. 그때까지 사본기술(책을 필사하는 것)은 국민적 규모로 독서층을 만들어내는 데 필요한 강렬한 확장력을 갖지 못했었다. 우리들이 지난 수세기 동안 '국민=국가'라는 이름으로 불러온 실체는 구텐베르크의 인쇄기술이 출현하기 전에는 발생할 가능성도 없던 것이다."

엘리트들이 사용하는 라틴어 시장이란 인쇄시장은 곧 포화상태에 이른다. 그래서 사업

구텐베르크 박물관 벽화.

자는 방언밖에 모르는 여러 군데의 소규모 지역의 잠재시장(대중)에게 판로를 개척할 필요를 느끼게 된다. 구체적으로 말하면 인쇄출판업자는 대량생산되는 인쇄물을 통용시키는 데 사용할 언어 통일의 필요를 절감했다. 하나의 나라(통치 영역)에서 통일된 표준어로 인쇄물을 만들지 않으면 소통시킬 수 없게 되기 때문이다. 시장에서 출판자본주의는 최대한으로 방언과 속어를 통합하여 출판어를 만들어 갔다. 즉 국어의 생성을 주도하여 나갔던 것이다. 이렇게 확정 통용시킨 언어는 같은 나라 사람이란 공동체 의식을 심어 주면서 '국민'이란 개념을 창출하게 되는 것이다. 공동체는 '국가(nation)'라는 정치공동체를 낳게 하고 표준어는 '모국어'로 발전한 것이다.

이와 같이 출판업이라는 새로운 산업을 도출시킨 인쇄기술은 단행본 출판으로부터 차차 정기적으로 소식을 전하는 정기간행물 형태로 발전하여 간다. 최초로 정기간행물 『선주자(Korantos)』가 17세기 독일에서 나왔다. 독일의 18세기 영국에서는 커피하우스가 대유행하여 런던에만 2천 곳 이상이 있었다고 한다. 이때 산업과 사회 각 분야의 소식을 실은 수백 종의 팸플릿이 커피하우스에서 통용되었다고 하는데, 이것이 지식층의 이야깃거리와 뉴스원이 되었다. 이렇게 하여 인쇄물은 미디어가 되었다.

인쇄기술의 발명은 우리나라 「직지심경」이 구텐베르크의 인쇄 성경보다 200년이 앞섰다. 하지만 아쉬운 것은 남보다 먼저 발명한 인쇄술이 출판의 산업화로 이어지지 않았다는 것이다. 인쇄술은 산업사회 시대에 들어서서 급속도로 발전하여 문자 인식수준(문맹 퇴치)을 진전시켰고, 이는 지식의 대중화에 기여하게 되며, 지금까지 일부 승려와 귀족의 전유물이었던 서적이 일반 시민에게 널리 보급되어 간다. 이와 더불어 매스 미디어의 등장과 발전은 정치적 민주주의와 고도의 상업주의를 가져다준다.

3. 라인 문화경관

경제적 기적을 일구어 낸 라인강은 알프스에서 발원하여 독일 중앙부를 남북으로 흘러 총길이 1300킬로미터로 대서양으로 흘러들어 간다. 이중에 마인츠에서 코브렌츠 사이의 중부 유역의 65킬로의 계곡유역은 높은 벼랑, 그 사이로 흐르는 강물 사이를 두고 고성과 와인 포도밭 언덕이 계단식으로 또는 경사진 언덕에 씨줄과 날줄처럼 짜여 있어 아름다운 풍경을 자아내게 한다. 로마 시대에 전해진 포도 재배는 기후와 토양이 적합하여 가파른 언덕(경사도 25°–30°)에도 포도가 재배되고 있다. 라인강 중류유역은 아름다운 풍경과 이 고장의 낭만적 모습은 문예 작가들에게 소재와 영감을 불어넣어 왔다.

아헨에서 쾰른을 거쳐 우리는 카슬 리벤슈타인 호텔에 투숙하기 위해 코블렌츠(Koblenz)에서 라인강 동안을 따라 가는 로컬 선으로 바꿔 타고 캠프 본호펜(Kamp Bornhofen) 역에 내렸다. 호텔에 전화하니 조금 후 차가 마중 나와 절벽 위에 세운 고성 호텔로 안내하여 주었다. 호텔은 라인 중류 협곡에서 제일 높은 단애(斷崖) 위에 위치한 캐슬을 개조하여 영업하고 있는 곳이다. 여기서 하루 묵으면서 다음 날은 느긋하게 체크아웃하여 근처를 산보하면서 높은 데서 라인강을 조망하고 사진도 찍고 할 요량으로 미리 캐슬 호텔을 예약하고 온 것이다. 이웃 스테렌베르크 캐슬 소유자와는 형제였으나 사이가 아주 안 좋아 형제의 싸움은 유명한 일화로 전해 내려오고 있다. 룸은 고풍스럽게 꾸몄고 방에서 창문을 열면 바로 라인강이 밑으로 보이고 건너편에는 보파드(Boppard) 타운의 집들이 그림처럼 늘어서 있다. 다음 날 아침은 창가에 멋진 풍경을 배경으로 조찬을 하는 즐거움도 누렸다. 호텔 앞마당에서 본 라인강은 그림 같았지만 이보다도 이렇게 멋진 자연을 마음대로

라인 강변의 고성.

활용하고 이용하는 이 고장 사람들이 부럽기도 하다. 강에는 수시로 배들이 오간다. 양안(岸)에는 철도와 도로가 나란히 달린다.

19세기 말 라인 강변.

라인강은 오래전부터 알프스 북단에서 북으로 대서양으로 흘러나가는데 로마제국 지배 시절엔 동·서유럽을 가르는 자연적인 경계가 되기도 하였다. 프랑크왕국이 엘베 강까지 영역을 넓혔으나 프랑크왕국이 갈라져 독일과 프랑스로 발전하면서 라인강은 두 나라의 한가운데를 흐르는 관계로 이 고장의 지배를 둘러싸고 오랜 동안 각축을 벌여 왔다. 교역이 활발해지면서 13-14세기부터 유역을 차지한 영주가 강을 오가는 선박에 통행세를 물리기 시작한다. 그러면서 라인강 유역에 진출하려는 제후들이 이권을 둘러싸고 다툼이 시작된다. 자료에 의하면 라인강에 세관이 무려 60여 개나 있던 것으로 나타나며, 중세에 들어 다뉴브강과 운하가 연결되어 흑해를 지나 지중해까지 교역이 가능해졌다. 라인강 유역에 널려있는 많은 고성은 유역을 지배한 영주들이 통행세를 가지고 번영을 누린 그런 고성들인 것이다. 시대가 흘러 고성은 폐허가 되었지만 절벽 위 유적은 아름답고 로맨틱하게 보인다. 그래서 19세기에 들어 대부분 복원된다.

이것이 현대에 들어 협곡의 아름다운 경관적 요소를 더해 주었다.

빙겐에서 코블렌츠 사이 60킬로의 라인 계곡은 대소 60여 개의 타운이 줄을 잇고 고성 유적이 즐비하다. 특히 이 계곡에는 사암층이 높은 절벽을 이루고 로렐라이 지점에 이르면 강폭은 130미터로 줄고 깊이는 20미터 정도를 이룬다. 우리는 호텔을 나와 다시 철도를 타고 장크트 고아르스하우젠(St. Goarshausen)역에서 내려 강가를 따라 산책하였다. 실은 우리는 라인강 크루즈를 타고 유유히 라인강을 유람하려 하였는데 시기가

라인 강변.

11월 하순 비수기여서 운행이 많지 않았다. 그래서 대신 기차로 여행하기로 하였던 것이다. 지난 며칠 사이에 내린 비로 강물이 많이 늘었다. 라인강 크루즈 선착장에 물이 찰랑거린다. 건너편 보파드 타운이 손끝에 닿을 듯 가까운 거리에 있다. 로렐라이 유적이 있는 곳까지 산책하였다.

　라인 중류 협곡은 문학예술 작품에도 영감과 영향을 주었다. 역에서 약 1킬로미터쯤 상류 만곡(彎曲) 지점에 130미터 높이의 암산(岩山)이 우뚝 서 있어 작가들의 영감을 얻기에 충분한 소재가 되어 보인다. 로렐라이는 이 암산을 의미하는 동시에 바위의 요정을 의미한다. 로렐라이라는 말은 독일어로 '우는 바위'라는 뜻이라

고 한다. 강물은 이 지점의 좁고 깊은 곳에 이르러 근처 산의 폭포 소리와 우뚝 솟은 바위 단애가 반향을 일으켜 "우-우…" 하는 소리를 냈다고 한다. 울림소리는 오늘날 마을과 타운이 들어서고 교통기관의 왕래가 많아지면서 더 이상 들을 수는 없다. 1801년 작가 클레멘스 브렌타노는 그의 소설에서 사랑에 빠진 로레 라이(Lore Lay) 처녀가 배신한 남자를 높은 바위에서 강물에 밀어 넣은 후 훗날 그 바위 위에 올라가 자신도 투신한 이야기를 내놓았다. 1824년 시인 하이네는 브렌타노의 작품 속의 처녀를 시 「로렐라이(Loreley)」로 발표하여 일약 유명해졌다. 그의 시는 아름다운 로렐라이 요정이 바위 위에 앉아 긴 머리를 빗으면서 노래를 불렀는데 근처를 지나가던 뱃사람들이 그 노래에 끌려 한눈을 팔다가 바위에 부딪혀 파선하였다는 내용이다. 작곡가 프란츠 리스트와 클라라 슈만이 여기에 곡을 붙여 더욱 유명해졌다. 이제까지 오래전부터 전해 내려오던 전설로 알고 있었는데 브렌타노가 창작한 이야기라는 걸 알고 약간 놀랐다. 오늘날 이 로렐라이 이야기로 말미암아 로렐라이 암산을 보러 오는 관광객이 수백만 명이라 하니 더욱 그렇다.

이와 같이 라인강 계곡이란 자연 속에 오랜 역사기간 동안에 걸쳐 인간이 들어와 만들어 놓은 경관이 되었다. 자연 속에 우뚝 선 고성이 그렇고 주변과 아우르는 마을이 그렇다. 깎아지른 산비탈에 몇 평의 포도밭을 계단식으로 일구기 위해 돌을 주어다 석축을 쌓고 농로도 만들었다. 라인의 와인은 이름 그대로 사람들이 즐겨 찾는 좋은 와인이다.

　이런 요소가 2천 년 동안 지역의 지형적 조건을 활용하여 인간이 창출한 취락, 교통망과 토지 이용이 유기적으로 진화한 문화경관인 것이다. 유네스코 세계유산 등재 자료를 보면 라인 문화경관은 적어도 2천 년 동안 지중해 지역과 북방 유럽의 문화를 교류시키는 데 역할을 한 중요한 교통 통신망이며(기준ii), 특정한 지형 조건에서 사람들이 취락 건설, 교통망 시설, 토지 이용에 있어 유기적으로 조성한 문화경관이며(iv), 라인 중류의 좁은 협곡에서 전통적 생활 방식을 조화롭게 발전시켜 역사성이 잘 보존된 사례(v)라고 규정했다. 그러나 이러한 좁은 계곡에 조성된 포도밭과 같은 경관은 사회와 기술 발전에 따라 위협을 받고 있는 것도 사실이다. 다랑이식(계단식) 포도밭은 사회가 변하면서 경작에 애로를 겪고 있는데 20세기 초까지 있었던 산비탈 포도밭은 21세기 들어 반 이상으로 줄었다는 것이다. 포도밭은 매년 줄어들어 황폐되고 있으며 사람의 손이 가지 않으면 머지않아 산림이 여기를 차지할 날도 멀지 않을지도 모른다.

라인강 한가운데 세워진 로렐라이 요정.

VI. 남프랑스 풍경

1. 피레네산맥을 넘어

2015년 6월 말 더운 날씨에 바르셀로나에서 미완성의 성당 '콜로니아 구엘(Colonia Guell)'을 본 다음 피레네 산맥 고지대에 있는 안도라 공국을 거쳐 프랑스의 카르카손(Carcassonne)에 도착하였다. 바르셀로나를 벗어나 한참 달리자 스페인 특유의 점토 흙 색깔의 아도비 건축물은 계속 보이는데, 고도를 높여가자 산천은 희끄무레한 바위산이 지속적으로 나타난다. 안도라로 향하는 길은 잘 정비되어 있었다. 스페인과 안도라의 국경에 다다랐다. 1985년 유럽 26개국이 체결한 '솅겐 조약' 덕에 국경은 무사 통과했다. 세관은 있었지만 직원이 우리가 탄 버스에 올라오지도 않는다. 바로 어제 바르셀로나 국제공항에서는 EU 이외에서 들어오는 여행객의 여권만 검사했고, 우리가 가진 한국여권도 표지만 보고 별 심사 없이 입국허가 스탬프를 찍어 주기는 했지만. 유럽연합이 미합중국과 같이 연합국(united)이 되어 가는가 싶은 느낌도 갖게 하였다. 해발 1,092 고지에 있는 안도라의 수도인 '라 벨라(la vella)'에 도착하였다. 안도라는 피레네 산맥 속 평균고도 1천9백 미터 높이에 면적 482제곱킬로미터, 인구 6만 5천 명인 작은 공화국이다. 유럽에 있는 작은 6개의 독립국 중에는 그래도 가장 큰 나라라고 한다. 안도라는 우리 일행이 프랑스로 넘어가기 위한 통과 지점으로 되어 있었기 때문에 체류한 시간은 3시간 정도밖에 머물지 못했다. 그러니 안도라의 탐방기를 쓴다는 것은 무리일지도 모르겠다.

안도라에 와 보면, 오랜 세월 세습 영주와 가톨릭교회 사이에 발전시켜 온 정치체제를 실감할 수 있다. 특유한 형태의 입헌제 공국(公國, principality)이기 때문이다. 현재는 프랑스 대통령과 스페인 카탈루냐 지방의 교구인 우르헬(Urgell)의 주교가 공동영주(Co-Princes)로서 지배하는 나라로 되어 있다. 행정수반은 수상이며 안도라 의회에 책임을 지는 정치체제다. 그렇지만 EU체제에는 가입되어 있지 않다. 8세기 말 프랑크왕국 샤를

안토니 가우디가 설계한 미완성의 콜로니아 구엘 교회.

마뉴 대제가 통치할 시대 이베리아반도를 지배하던 무어족의 피레네 북방으로의 침공을 막아 준 대가로 특전을 부여받았던 것으로 알려졌다. 988년경 통치자 우르헬 백작은 스페인의 세르다냐(Cerdanya)의 땅을 얻는 대신 통치를 카탈로니아 우르헬(Seu d'Urgell) 교구에 넘겨 안도라 계곡 개발을 추진하였다. 세월이 흘러 17세기 프랑스 왕 앙리 4세는 우르헬 주교의 영유권을 인정한 채 영토를 프랑스에 안도라를 편입하였지만, 19세기까지 안도라의 실질적 통치는 푸아 백작의 후손의 세습적 과두정치를 거쳐 유력한 가문 24명으로 구성된 참의원이 맡아 해왔다. 안도라는 오랜 기간 스페인과 프랑스 사이의 밀수 루트로서의 역할을 담당하여 왔다. 1933

년 스페인 내란이 일어나면서 안도라의 정세가 불안해지자 프랑스는 안도라를 점령하였지만 안도라는 제2차 세계대전 기간 중에도 스페인과 프랑스 사이에 중립을 지켰다. 그래도 주목하고 싶은 것은 이곳 사람들이 간직하고 지켜 온 자치적 전통과 문화가 아닐까?

안도라의 경제는 관광수입으로 먹고산다고 한다. 국민총생산의 80퍼센트가 관광에서 나오고 연간 천만 명 이상이 이 나라를 찾는다. 우리는 더운 여름철 통과했기 때문에 관광 러시로 인한 교통체증은 경험하지 않았지만, 산간 고지대의 이점으로 겨울철 스키 관광이 이 나라 관광의 70퍼센트를 차지하고 있는 주수입원이다. 당연히 관광객을 위해 모든 판매품은 면세다.

산간 계곡에 위치한 안도라는 유일하게 접근할 수 있는 방법은 도로를 통한 자동차만이 교통수단이다. 자연히 자동차의 홍수다. 시내에 버스 통행은 금지되어 외부 간선도로에서 내려 시가지를 걸을 수밖에 없다. 도심 길가에는 가게가 끝이 없을 정도로 줄지어 있다. 쇼핑 천국을 실감케 한다. 맨 먼저 찾아간 곳은 11세기에 지은 산호안 교회(Sant Joan de Caselles Church)로 번화가 도심을 벗어나 있었다. 규모는 그리 크지 않지만 로마네스크 형식으로 지어져 있는 건축인데, 현관에서 안쪽 뒤로 반원형 앱스(apse)와 본 건물과 나란히 4층 종루가 남아 있다. 교회의 위치가 이곳의 자연과 잘 어울렸다. 지금까지 이렇게 잘 보존되어 온 이유는 영주의 하나가 교구 주교이기 때문이었을까? 다음에 찾아간 곳은 번화한 시가지를 걸어 한참 들어간 강가에 지은 안도라 의회 건물이다. 고풍스러운 의회 건물은 일요일이어서

피레네산맥을 넘기 전-안도라까지는 26km.

안도라 시의회.

문은 굳게 잠겨 있어 내부를 볼 수는 없었지만 18세기 건물이 아직도 잘 보존되어 있는 인상이었다. 한두 시간을 걸어 다니니 자동차 매연 때문에 머리가 아파 왔다. 모이는 시간이 임박하여 외곽으로 빠져나와 버스에 올라타고 프랑스(카르카손)로 향했다. 안도라에는 세계문화유산으로 마드리우 계곡 문화경관(Madriu Valley Cultural Landscape)이 등재되어 있다. 고지대 험준한 자연을 극복하고 13세기 이래 일구어 온 목축지대 경관으로 이 나라 국토의 9퍼센트에 해당하는 4,247헥타르의 넓은 면적에 산재한 산간 목축 문화유산인데 시간과 여건이 주어지지 않아 가 보지 못하고 안도라를 떠났다.

산호안 교회(Sant Joan de Caselles Church).

2. 카르카손 성

프랑스를 향하는 길은 계속 고도를 올려 올라갔다. 국경에 있는 엔발리라 고개(Port d'Envalira)는 고도 2,408미터의 고지에 있었지만 10여 년 전 엔발리라 터널(최고 해발 2,052미터, 길이 2,050미터)이 개통되어 시간을 많이 절약할 수 있었다. 이렇게 험준한 산맥이 프랑스와 스페인 사이에 가로놓여 있는 것이다. 피레네산맥은 오늘날의 유럽 기독교문화를 지키고 꽃피우는 데 결정적인 역할을 한 자연이 쌓은 만리장성이 아닐까 하고 생각하였다.

그도 그럴 것이 서기전 2세기 카르타고의 한니발 장군은 이베리아반도에서 피레네산맥과 알프스산맥을 넘어 로마 본토인 이탈리아반도까지 쳐들어가 15년 동안 이탈리아반도 대부분을 점령하여 로마제국을 궁지에 몰아넣었는데, 바로 이 산맥을 넘어 대군을 이끌고 진격한 곳이기에 느낌이 새로웠다.

그 후, 711년 이베리아반도를 침공 점령한 우마야 이슬람왕국은 수 없이 피레네산맥을 넘어 프랑스 침공 점령을 시도하였다. 카르카손은 로마 시대 이후 이런 수없는 침공과 탈환, 공격과 방어의 최전선이었다. 우마야 군은 721년 피레네를 넘어 카르카손, 툴루즈, 아비뇽, 리옹을 차례로 공격하였다가 프랑크왕국의 격퇴를 받고 물러났다. 남프랑스 일대는 프랑스왕국으로 완전히 흡수 통일되기까지 다른 왕조가 다스리던 곳으로서, 정통 프랑스 왕조의 완전한 지배하에 들어간 것은 15세기 말-16세기 초 이후의 일이 아닌가 싶다. 이렇게 하여 남프랑스는 사뭇 다른 역사와 문화가 존재하던 곳이라 하는 것이다. 여기서부터 이러한 배경과 전통을 알아볼 일이다.

국경을 지나 이날의 도착지인 카르카손까지 3시간이 좀더 걸렸다. 길은 계속 내리막길이었고, 고도가 낮아

가르카숑 성에서 보는 시가.

짐에 따라 식생이 사뭇 푸르러지고 산야가 농경이나 목축으로 잘 정돈되어 있는 느낌이었다. 평지에 이르니 창밖의 풍경은 피레네를 넘기 전의 색깔과 완전히 다르다. 아주 부유한 목가적 풍경이다. 피레네산맥 북단에는 툴루즈가 제일 큰 도시이고 지중해 해변에 몇 개의 중소도시가 있는데, 이 지역은 또 지중해에서 대서양으로 나가는 교통의 요충지로서 물산의 집합지이며 특히 와인 유통의 중심지로서 역할을 해온 고대도시의 하나가 오늘 우리가 머물 카르카손이다. 목적지에 도착하니 저녁 8시가 넘었다.

로마 시대에 축성하여 역사의 풍상을 겪은 카르카손의 성곽도시는 유럽에 지금 남아 있는 성채 중에 크기와 규모가 다섯 손가락 안에 드는 역사적 성채로 손꼽힌다. 야간에 조명해 놓은 성채가 매우 아름다운 영상을 내 자신이 잡아 보고자 저녁을 먹고 택시를 불러 성곽 밖 5백 미터쯤 떨어져 있는 퐁뷔(Pont Vieux) 다리로 달려갔다. 과연 밤에 보는 성채는 아름다웠다. 주변은 조용하고 인적은 드물었다. 사진 몇 장 찍고 한참 우두커니 서서 바라보면서 그 안에 수천 년 동안 무수한 사연은 어떤 것이었을까 상상해 보다가 타고 간 택시를 다시 불러

카르카손 성 야경.

호텔로 돌아왔다. 결국 다음 날 아침 카르카손 콩탈 성채를 방문했다.

　카르카손에는 중세 이래 잘 보존되어 온 성채가 1999년 세계유산으로 등재되었지만, 이곳에는 역사 이전부터 사람들이 살아왔고, 로마 시대에도 방어용 성채가 존재하였다 한다. 중세에 이르러 이베리아반도의 회교국가의 침공을 막기 위해 거대한 성벽을 쌓았다. 2중으로 축조된 석조 성벽에 모두 52개의 타워를 배치한 전장 3킬로미터의 유럽에서도 몇 안 되는 고성채이다. 오늘날 우리가 보는 이 성채는 13세기 프랑스 왕국의 이베리아반도를 대항하기 위한 최전선이었기 때문에 스페인의 아라곤 왕조와 대치하였던 역사적 사실도 있다. 실제로 현장에 가 보니 성벽은 이중으로 축조되었는데 외벽과 내벽의 축조 방식이 달랐고, 외벽은 내벽보다 훨씬 높고 견고함을 알 수 있었다. 로마 시대의 성의 높이와 13세기 추가한 성벽의 높이는 왜 다를까? 그것은 창과 방패로 싸우던 전투가 훗날 성벽을 공격하는 방법이 발전하여, 이에 대비하기 위하여 더 견고하게 더 높고 쌓은 것이리라. 카르카손 성은 그 후 1659년 체결된 피레네 조약에 의하여 스페인 영토이던 인근 루시용(Roussillon)이 프랑스 영토로 편입됨에 따라 중요성은 감소되어 성은 폐쇄되었다. 루이 9세 때 성채에서 낮은 지역에 새로운 시가지를 만들어 상업과 수공업의 중심은 이곳으로 옮겨오면서, 자연히 시청과 철도역은 신시

카르카손 성.

가에 있게 되었고, 고지대 성채는 고성의 뜻이 담긴 '라 시테(La Cite)'로 부르기 시작했다고 한다. 1949년 프랑스 정부는 성채의 철거를 결정하였다가 지역주민과 고고학자들의 거센 반대로 역사적 기념물로 남겨 두기로 하였다고 한다. 결과적으로 정부는 19세기 말 당시 저명한 고건축 보존전문가 등의 손에 의하여 보존 작업이 진행되었었는데 1997년 유네스코의 세계유산으로 등재되게 되었다.

성내의 길은 오래전에 반석을 깔아놓은 좁은 돌길이다. 걷기는 쉽지 않다. 성곽이란 한정된 면적에 많은 인구를 수용하려 하다 보니 건물은 높고 길은 좁다. 콩탈 성의 방어용 목조회랑과 타워에 올라가 성하의 시가를 조망하고 성주가 살던 곳을 두루 구경하였다. 그러다가 이상한 십자가를 발견하고 내가 미리 조사해 둔 노트와 비교해 보았다. 이것은 이 성내 그리고 남불 일대에서 번지던 카타르 교인[Cathars, 일명 알비파(Albigensians)]의 슬픈 사연이 담긴 유적이었다.

3. 카타르 교인의 수난

12세기에 이르러 가톨릭교회의 타락에 반대하는 카타리(Cathars)파가 남프랑스에 유행하였다. 로마 교회는 카타리파를 이들을 이단으로 규정하였다. 오늘날 카타리파의 교리와 사상을 정확히 알기는 쉽지 않다. 이들은 완전히 소멸되었기 때문이다. 그런데 현지에서 찾아 읽은 자료들을 개략해 보면, 이들은 하나님의 선을 믿지만 우주는 선과 악이라는 대립되는 요소로 구성되어 있으며, 영과 육은 다른 것으로 보는 이원론적 영지주의(Gnosticism)를 신봉하는 특이한 교리와 조직을 가지고 있었다고 한다. 그러면서 가톨릭교회보다 여성을 관대하게 대우하여 신앙 활동에 참여할 수 있었다는 것이다. 이 교리를 믿는 민중은 북이탈리아와 남불 일대로 번졌다. 교세의 확장은 지역 영주들의 호응과 후원을 얻어 활발하게 활동하기에 이른다. 이 신앙의 중심지인 알비(Albi)의 명칭에서 '알비파'라고도 불렸다고 한다. 중세 이후 더 세속권력으로 전화된 가톨릭교회와 사제들에 대한 반성직자 정서도 작용하였던 것으로 보는 시각도 있는데, 이러한 종교관의 대두는 16세기 종교개혁 운동을 선도하였다는 의견도 있다.

　로마 가톨릭교회에서는 카타리파의 교의가 하느님의 전지전능함과 선함을 부정하고 예수의 완전성을 부정하는 이단으로 규정하였다. 교황청은 이 지역에 전도사를 파견하여 설득을 시도하였으나 여의치 않았다. 로마 교회는 알비파를 파문하였다. 1208년 아를(Arles)에서 교황 특사 피엘 카스테르노가 암살되는 사건이 일어났다. 격노한 교황(이노센트 III세)은 유럽의 제왕과 영주들에게 십자군을 파견하라고 지시하였다. 이에 따라 조직된 십자군을 일컬어 '알비 십자군(Albigensian Crusade)'이라 한다. 십자군은 남프랑스 일대의 카타리파 신자들을 잔학하게 소탕하였다. 십자군은 1209년 7월 베지에 성을 포위 제압한 다음 8월에 내가 지금 서 있는

베지에 성당과 시가

카르카손 성채를 포위 제압하고 성주 로지에를 포박 살해하였다. 자료에 의하면, 지중해안 랑그도크(Languedoc) 지역에서만 적게는 20만 명, 많게는 백만 명이 십자군에 의해 학살되었다고 한다. 카타리파는 1350년 완전히 소멸되었다. 그러나 역사적 사실은 지워 버리기는 어려운 것인가. 랑그도크 일대에는 콩탈 성을 비롯하여 아직도 '카타르의 나라(Le Pays Cathare)'라는 이름과 '카타리 성과 수도원'이라는 폐허 유적이 여러 곳에 산재되어 있다. 박물관도 몇 군데 있어 지나간 역사를 더듬어 볼 수 있다. 한때 알비파의 중심지이던 알비는 카타리파를 완전히 토벌하고 난 다음 가톨릭교회 주교구로 탈바꿈하였고, 교구 성당은 현재 세계문화유산으로 등재되어 있다.

베지에를 관광하였다. 여기도 구릉에 자리 잡은 작고 아름다운 전원도시다. 시가지에서 우리가 관람할 곳은 14세기 건축된 성니제르 대성당. 1209년 알비 십자군이 카타리 신자를 진압할 때 피난해 들어간 카타리 신자들을 불을 질러 참혹하게 살육한 기록이 남아 있는 곳이다. 불타면서 벽이 안으로 무너졌다고 한다. 여기서 아무도 살아남은 사람은 없었다. 그리고 그 후 살아남은 카타리파는 모우 종교재판에 회부되어 사형에 처하는 처참한 사건들이 일어났다. 당시 토벌전을 지휘했던 알마릭 신부는 교황에게 보낸 편지에서 "우리는 남녀노소 가리지 않고 모두 살육하였다. 아마도 2만 명쯤 되었을 것이다. 그리고 살육 후 불을 질러 없애 버렸다."

오늘날 카타리 신앙에 대하여 관용이 베풀어졌는지는 알 수 없다. 그러나 남불 일대에는 여기저기 카타리의 유적은 물론 이들의 잔재

217

를 실감할 수 있고 경우에 따라서는 이들의 "둥근 네 구멍을 뚫은 십자가"를 볼 수 있다. 도처에 카타리의 나라라는 간판과 전적들을 쉽게 접할 수 있음은 물론이다. 베지에는 그런 끔찍했던 상처를 증언하는 표지판이 800년이 지난 2009년에 되새겨졌다.

LO 22 DE JULH DE 1209
LO GRAND MASEL CASTIGUET
L'INTOROLERABLA TOLERANCIA
DEL POBLE D'OC

1209년 7월 22일
오크 사람들이 당한
대학살을 응징한다

베지에 대학살이 기록된 표지판.

카타리 비석.

카타리 깃발.

4. 미디 운하

그 후 17세기 이 지역에 새로운 산업의 동맥이 들어섰다. 지중해와 대서양을 연결하는 미디 운하(Canal du Midi)가 개통되면서 피레네 산지에서 나오는 양모를 원료로 방적공업이 발달되어 번영을 이어 갔다.

　프랑스 지도를 보면 이 지역은 국토 중에 지중해에서 대서양까지의 폭이 가장 짧고 잘록한 지점일 뿐만 아니라 양쪽 바다까지 산지가 없고 평야로 이어져 있다. 이런 이점을 일찍이 이용하여 17세기에 대륙을 관통하는 운하를 건설하여 농업과 교역 발전에 이바지한 역사적 기념물이 미디 운하이다. 당시 프랑스 국내의 물산을 북부로 수송하는 데 이베리아반도를 돌아 대서양으로 나오는 긴 해로도 문제였거니와 스페인 남단을 돌아가는 데 지불해야 하는 통과세도 만만치 않아 운하 건설이 검토되었다고 하는 것이다. 프랑스는 이 지역에서 나는 밀을 북부 소비지역에 운반하기 위해 준공시킨 것인데, 18세기 후반에는 산업혁명을 일구는 데 중요한 역할을 하게 되었다고 한다. 1667년 착공하여 1694년 완공한 길이 241킬로미터의 지중해와 대서양을 잇는 운하는 한국의 휴전선의 길이와 맞먹는데, 운하는 건설당시의 기술수준으로 군데군데 표고차를 극복하기 위해 기술적으로 어려운 난공사를 완수하여 프랑스 운하 건설사상의 쾌거로 기록되고 있다. 훗날 이런 기술이 수에즈 운하를 건설하는 데 큰 도움

미디 운하 지도.

플라타나스 나무가 가득한 미디 운하. ⓒ 구게렐(Gugerel).

이 되었을 것이다. 19세기 철도가 부설되면서 운하의 수송역할은 없어졌다, 하지만 아직도 운하는 국가가 관리하고 있다 하는데, 농업용수로서의 역할이 중요하기 때문이라고 한다. 지금은 관광보트 운항으로, 보르도에서는 와인 보트 등 관광레저용으로 이용되고 있다.

이 운하는 1996년 유네스코 세계유산으로 등재되어 보호를 받고 있는데, 수백 년이 지났음에도 원형을 그대로 유지하면서 이용되고 있었다. 이제 물자수송 기능은 없어지고 레저관광용으로서의 기능만 남았다. 여유 있는 사람의 주말 여가생활이나 은퇴 후의 여유로운 전원생활의 근거지가 되고 있는 것이다. 또한 호화로운 5박 일정의 와인배지 투어도 돈과 시간이 있는 사람에게 손짓하고 있다. 특히 여름철에 보트로 여행하는 사람들에게 배를 정박하고 고색이 창연한 중세도시에서 밤에 열리는 축제와 야외공연, 그리고 불꽃놀이가 볼거리

베지에 근처 운하 갑문.

가 될 것이다.

운하의 폭은 20미터 내외인데, 툴루즈 지방을 비롯하여 곳곳 운하 양쪽 제방을 안정시키기 위하여 플라타너스 나무 수만 그루를 양열로 주랑(柱廊)처럼 심어 놓아 가로수가 훌륭한 경관 기념물이 되었다. 운하는 높은 데를 통과하기 위해 터널을 팠고, 여러 군데 수위를 조절하는 갑문을 설치하여 놓았다. 또 하천을 넘는 수로 다리도 놓았다. 나는 여행을 떠나기 전에 미디 운하의 특징과 현황을 미리 조사한 바 있다. 베지에 타운으로 들어가는 타운 어귀에 하천을 비켜 가는 운하 다리 사진을 구글어스에서 다운로드하여 가지고 갔다. 카르카손을 떠나 버스로 한 시간 걸려 베지에로 이동하는 동안 연도는 농사짓는 밭과 포도밭 가를 지나고 작고 큰 마을 그리고 작은 도시를 지나 베지에 근처에 다다랐다. 아침 출발하기 전에 가이드와 버스 운전기사에게 우리가 가는 방향에서 멀지 않으면, 베지에 갑문에 들러 줄 것을 부탁하여 놓았다. 달리는 차창 밖으로 나는 열심히 좌우 연도에 수로를 찾아 눈을 두리번거렸다. 그러나 전원 어딘가에 지나갈 수로를 목격하기는 쉽지 않았다. 운 좋게 우리 버스기사는 베지에 갑문에서 아주 가까운 방문자 주차장에 우리를 데려다주었다.

7단계 갑문을 둘러보았다. 하지만 갑문을 통행하는 보트는 볼 수 없었다. 표고(標高)가 높은 곳으로 보트가 이동하기 위해서는 예전에 설치한 수동식 기계를 운항자가 직접 조작하여야 높은 데로 혹은 낮은 데로 이동할 수 있다고 한다.

5. 아비뇽과 아를

우리 일행은 지중해안 지방의 뜨거운 햇살이 그나마 좀 약해지는 오후 5시경 랑게독–루시옹 지방의 최후 방문지인 몽펠리에에 도착하였다. 걸어 다니기가 한결 수월하다. 몽펠리에는 지중해안에서는 마르세유와 니스 다음가는 큰 도시인데 교육도시여서 인구의 1/3은 학생이라고 한다. 특히 1220년에 지었다는 의과대학은 유럽에서 오래된 의학교의 하나로 몽펠리에를 교육도시로 만드는 데 효시가 되었던 교육기관으로 정평이 나 있다. 몽펠리에는 중세 이후 건설된 도시여서 세계유산으로 지정될 만한 유적은 없었다. 17세기에 지은 개선문과 수도교를 관람한 후 코메디 광장에서 이 도시의 분위기를 느껴 보고 숙소로 정해진 프로방스의 님(Nimes)으로 향하였다.

내일부터 우리는 아비뇽, 아를, 칸, 니스, 모나코 등지를 방문한 후 이탈리아로 이동할 예정이다. 프로방스 지방의 정식 명칭은 프로방스–알프–코트다쥐르(Provence-Alpes-côte d'Azur)로서 알프스 산지와 풍요로운 론 강(Rhone) 유역과 지중해안을 모두 아우른다. 이 지방의 인상은 알프스의 흰 눈, 프로방스 지방의 라벤더의 보랏빛 그리고 아주르 해안의 푸르고 푸른 바다이다. 그래서 생태도 다양하다. 옛날 프로방스 지방은 땅이 척박하여 농업 생산에 적합하지 않았다고 한다. 그리스 사학자 포시도니우스(Posidonius, 기원전 135–51)가 남긴 자료에 의하면 이 지방은 메마르고 미개한 지방이었다고 한다. 그에 의하면 "땅은 돌이 많아 조금만 파도 돌과 부딪친다. 돌을 치우지 않고는 아무것도 심을 수 없다. 그래서 사람들은 부족한 식량을 사냥으로 얻는다. 그들은 마치 산양처럼 산을 오른다. 매우 호전적이기도 하다. 그들은 기원전 4세기경 로마까지 침입한 일도 있고 한니발 군대가 침공할 때는 이들을 도와준 일도 있다"라고 적고 있다. 로마가 서유럽 대부분을 점령 통

퐁 뒤 가르의 수로교.

치할 때는 그러나 이 지방에 많은 거점 성곽도시를 건설하였다. 우리가 방문할 님, 아비뇽, 아를이 모두 그런 도시 중에 하나이다.

아침을 먹고 퐁 뒤 가르(Pont du Gard)의 수도교를 보러 출발했다. 오늘의 일정은, 퐁 뒤 가르 수도교를 본 다음, 아비뇽과 아를을 거쳐 칸까지 가는 바쁜 날이다. 님은 역사가 오랜 도시이다. 지금 인구는 15만 정도의 도시이지만 그 옛날 로마제국 시대에도 인구 6만 명이 모여 산 도시로서 시 중심가에는 거대한 원형경기장과 가르 신전이 남아 있어 로마 밖의 작은 로마로 불렸다고 한다. 인근에 가르강을 가로지르는 퐁 뒤 가르 수로 (aqueduct) 유적은 1세기 때 님 시민의 용수 공급을 위하여 지은 거대한 토목공사이다. 수로는 전장 50킬로인데 우즈(Uze) 수원에서 님까지 지형이 산악지방이어서 대부분 지하로 수로를 판 다음 가르동(Gardon) 계곡을 건너기 위해서 가르에 수로 다리를 건설한 것이다. 오늘날 유럽 여기저기에 남아 있는 수로교 중에 가장 크고 높은 다리(지상에서 48.8미터)가 된다. 1985년 유적은 역사적 가치를 인정받아 세계문화유산으로 지정되었다.

관람하면서 느낀 것은 2천 년 전 당시의 로마 사람들의 건설기술의 발전 정도나 기술의 정교성이 지금 문외한이 보아도 놀라울 뿐이다. 관람 전 입구에서 얻은 자료에서 본 수로교의 제원은 이렇다. 다리의 수원에서 님 시가까지 50킬로미터 길이에서 물을 흘려 내리게 하는 고도 차이는 17미터였다. 석회암을 재료로 3층의 아치형 구조로 지은 다리의 전장은 360미터, 폭은 6.7미터, 수로의 폭은 1.2미터 등… 다리가 시작하는 지점에서 끝나는 지점까지의 표고 차는 겨우 2.5cm라고 한다. 이 수도교를 통해 님 사람들은 하루 20만 톤의 용수를 공급받은 것으로 조사되었다. 로마가 멸망한 5세기 이후 수로교의 기능은 정지되었다. 그렇지만 다리는 그때의 모양을 그대로 보존할 수 있었는데 이유는 지방 영주들이 가르강을 건너는 사람들에게 발 벗지 않고 강을 건너는 대가로 도강료를 징수하여 왔기 때문이라고 한다. 원형이 잘 보존된 로마 시대의 수로교는 19세기부터는 인기 있는 관광지가 되어 갔다.

오전 10시경 아비뇽에 도착하였다. 아비뇽은 인구 9만 명 이중에 1만 2천 명은 중세부터 있어 왔던 성벽 안에 산다고 한다. 우리를 태워다 준 관광버스는 론강을 끼고 조금 달려가다 교황청 입구로 보이는 넓은 주차장에 내려주었다. 교황청 입구에 입장하려는 사람들이 많이 모여 있었다. 멀리서 접근하면서 보는 중세 성곽은 높게 올라가 있었는데, 안내자의 설명을 빌리면 론강의 범람에 대비하여 높게 쌓아 올린 성벽이라고 한다. 교황청은 높은 언덕 위에 있으니 홍수 염려는 없었을 것이지만 왜 로마가 아닌 이곳에 또 하나의 교황청이 있는 것일까? 1309년부터 1377년까지 아비뇽은 교황청이 소재지였었다. 이 역사적 사건을 '아비뇽의 교황(Papacy in Avignon)' 또는 '아비뇽의 유수(幽囚)(Captivity in Avignon)'라고 한다. 이는 고대 유대인의 바빌론 유수에 빗대어 쓰인 표현이다.

중세 유럽에서 교황과 주교로 대표되는 로마 교회는 세속권력 못지않게 사회 전체를 지배하고 구속하여 왔었는데 때로는 교회 권력이 왕권을 압도한 시기가 많았지만, 왕권의 도전에 맥을 못 추는 시기가 있었다. 전자의 대표적인 사례가 교황이 신성로마제국의 하인리히 왕을 카노사에서 굴복시켰던 사건이며, 후자의 경우가 교황청의 아비뇽으로의 천도가 아닐까 생각해 본다. 이때의 교황은 보나파세 8세 시절이었는데, 프랑스 필립스와 대결하면서 교황은 속세 왕의 우위에 있다는 교황칙령을 발표하였다. 교황이 필립스 왕의 파문을 발표하기 하루 전 1304년 9월 필립스 왕은 교황의 파문 발표를 속으로 비웃으면서, 군대를 시켜 '아나니

아비뇽 교황청 가는 길.

아비뇽 교황청 외관.

(Anagni)'에 머물고 있는 교황을 습격하고 존엄을 짓밟았다. 충격을 받은 교황은 로마로 돌아가서 얼마 후 서거하였다. 이를 계기로 필립 왕이 강력히 밀어 프랑스인 추기경을 클레멘트 5세로 추대하였다.

프랑스 왕의 요청을 받자마자 클레멘스 교황은 교황청을 아비뇽으로 옮겼다. 이리하여 프랑스 땅 아비뇽에 70년 동안 거대한 교황청이 들어서게 되었던 것이다. 교황이 아비뇽에 있는 동안 추기경의 대부분은 프랑스인 신부가 기용되었던 것은 말할 필요도 없을 것이다. 70년이 지난 후 로마로의 교황청 재천도를 단행한 것은 그레고리우스 11세였다.

표를 받아 가지고 언덕을 올라 입구로 들어서니 광장이 나타난다. 건물 안으로 들어가려는 사람이 많다. 광장이 넓기는 하였으나 건물 전체를 사진에 담기

아비뇽 교황청 내부.

에는 너무 가까운 거리다. 건물 안으로 들어간 다음 요소를 관람하면서 4층 옥상에까지 올라가 보았다. 로마 교황청 베드로 대성당과는 비교가 안 되겠지만 700년 전의 교황 거소로는 손색이 없다. 옥상에서 내부를 내려다보니 넓은 중정에는 아비뇽 축제 개최지인지 무대 설치 작업이 한창이다.

아비뇽은 이러했던 역사가 있었던 연유로 도시 전체가 로마 교황청의 소유였다, 프랑스혁명이 일어난 1791년에 프랑스로 넘겨주었다고 한다. 그러니 아비뇽은 현대 아비뇽 축제로 더 유명하고 이러 인해서 관광객이 가장 많이 찾는 관광지가 되었다. 아비뇽 교황청 유적과 성당 그리고 론강 아비뇽 다리는 세계문화유산이다.

아비뇽 시청사.

오후에 아를로 향하였다. 아비뇽에서 아를까지는 35킬로미터의 머지않은 여정. 랑게독 지방에서도 줄곧 보아 온 농경지이지만, 여기서부터 우리는 프로방스의 넓은 농경지를 지나가면서 노랗게 피어오른 해바라기 밭과 라벤더 밭 밀밭을 계속 감상하면서 아를에 도착하였다. 론강가에 자리 잡은 아를은 중심가는 언덕 위에 있다. 버스에서 내린 우리는 가이드가 넓은 네거리 한 모퉁이에 반 고흐의 아를 생활지였다고 소개해 주었는데, 당시의 건물은 개발로 없어졌다고 한다. 이날도 날씨는 무척 더웠다. 아마 섭씨 40도 가까이 되는 기온이라고 일행 중 한 사람이 알려 준다.

프로방스의 해바라기 밭.

아를의 역사는 기원전 123년 로마제국 군대가 여기를 점령하면서 시작됐다. 아를을 고대 로마도시로 발전하게 한 직접적인 동기는 줄리어스 시저가 폼페이 장군과 대결했을 때 아를은 시저 편에 서서 그를 도와 싸워 시저가 승리함에 따라 이곳을 '줄리어스 시저의 식민지'로 삼고 로마군이 주둔하면서 로마도시의 이런 저런 시설을 들여놓게 되었다고 하는 것이다. 로마 시대 아를의 최전성기는 아무래도 4세기에서 5세기로 로마 황제들이 이탈리아 북방에 강력해지는 게르만 민족에 대항하기 위해 이곳을 제국의 유럽의 서부(지금의 프랑스, 스페인)를 관할하는 사령부로서 기능한 시절이다. 당시의 인구는 10만 명쯤으로 추정하고 있다. 지금 아를의 인구의 두 배나 된다. 그래서 아를에 성벽을 쌓고 콜로세움과 반원형 계단식 극장, 그리고 콘스탄티누스의 목욕탕 등이 잘 보존되어 있는 편이다. 이런 역사적 연유로 아를 시가는 세계문화유산으로 등재되어 있다.

중심가의 언덕을 올라 로마 시대 원형경기장에 다다랐다. 로마의 원형경기장보다는 작으나 원형이 비교적 잘 보존되어 있다. 옆 골목으로 시청이 있는 광장에 도착하여 시청(Villa de Ville)과 주교좌의 대성당이며 구경하였다. 돌아 나오는 길에는 론강가에 있는 콘스탄티누스의 목욕탕도 볼 수 있었다. 성안의 11세기 건설된 생트로핌(Saint Trophime) 수도원은 로마네스크 건축의 수범으로 꼽히고 있고 유적이다. 광장을 보고 나오는 길에 상가 지역을 돌아 나오면서 아를의 오래된 역사를 실감케 하는 상징물을 발견하였다. 상점가 광장에는 '포럼이 있던 자리(Place de Forum)'라는 표지가 붙은 석조물로 된 벽을 발견하였다. 이것은 아를의 공회장이었음이 분명하다. 그런데 이 벽은 지금 여기 들어선 호텔의 벽의 일부분을 구성하고 있는 것으로 보아 호텔을 지을 때 유적의 일부나마 살려두어 공회장의 위치와 편모를 알 수 있게 하려는 문화재 보존 방법

반 고흐 카페.

의 하나가 아닐까. 옆에 있는 '반 고흐의 카페'에 들러 차를 한잔했다. 그가 1889년 이 그림을 그린 그 자리에 카페는 여전히 영업을 하고 있었다. 바뀐 것이 있다면 벽에 'Van Gogh Cafe'라고 크게 써 붙이고 반 고흐를 이용한 마케팅을 하고 있다는 것만 다를 뿐. 마지막으로 반 고흐가 입원했던 병원을 둘러보았다. 정원에 형형색색의 꽃이 만발하다. 여기서도 반 고흐는 열심히 그림을 그렸고, 그의 병실과 정원 등 유명한 그림을 남겨 놓았다. 반 고흐는 특히 정원을 주제로 여러 장의 그림을 남겼는데 그중 몇 장은 걸작으로 인정되고 있다. 지금은 이 정원을 '반 고흐의 공간(Espace Van Gogh)'이라고 불리고 있다.

18세기에 들어 프로방스는 강렬한 햇빛, 푸른 바다 그리고 프로방스의 변화 다양한 자연에 이끌리어 많은 미술가와 음악가들이 즐겨 찾는 곳이 되었다. 숫하게 많은 작가가 프로방스를 그려냈다. 그중에도 빈센트 반 고흐는 짧은 생애의 마지막 2년을 아를과 생레미(Saint-Rémy—아를에서 아필레 산지 쪽으로 약 30킬로미터 떨어진 곳)에서 보내면서 프로방스 풍경을 수많게 남겨 놓았던 것이다. 그가 파리에 있는 동안 정신적 건강이 악화되고 예민해지면서 급기야 그는 자기의 귀를 자르게 된다. 그래서 환경을 바꿔 보려고 동생 테오(Theo)와 지인의 배려로 아를로 이사 오게 되었다.

반 고흐에게 아를은 많이 다르게 느끼게 했던 고장이다. 기후는 그가 살던 북프랑스보다 햇빛이 강렬하고 덥고 건조했다. 사람들은 어딘지 모르게 말의 억양이나 생김이 스페인 사람들의 모습에 가깝다고 느꼈다. 여기 머무는 몇 달 동안 그는 론강의 밤 풍경, 카페의 밤 풍경, 해바라기와 같은 우리들에게 친숙하게 알려진 그림 200여 점을 그렸다고 한다. 그러다가 그의 건강이 환상이 보이는 등 악화되면서 자청하여 여기서 멀지 않은 생레미 정신병원으로 입원한다(지금 이 병원은 반 고흐 클리닉으로 개명하였다고 한다). 그는 정신병원에서도 열심히 그림을 그렸다. 그러나 그는 상레미에 1년 정도 머물다가 마침 그의 치료를 돌보아 주겠다는 의사가 있는, 파리 근교 오베르 쉬르 우아즈(Auvers-sur-Oise)로 옮겼다. 그는 거기서 두 달 가량 머물다가 1980년 7월 권총으로 자살하여 37년의 짧은 생애를 마쳤다. 그가 남긴 회화와 작품은 2,100점 정도라고 하는데, 생전에 그는 오직 한 점 〈빨간 포도밭〉을 4백 프랑을 받고 팔은 것이 전부라고 한다. 지금 이 작품은 러시아 푸시킨 박물관에 소장되어 있다고 한다.

6. 니스와 모나코

남프랑스에서의 나머지 일정은 칸, 니스, 모나코에 징검다리식으로 잠깐 동안의 일정을 소화하고 이탈리아로 떠났다. 칸에서 숙박하였으나 니스와 에즈(Eze)를 방문하기 위하여 아침에 출발하는 바람에 칸 영화제가 열리는 곳이 저기라고 알려 주어 사진만 찍고 그곳을 떠났다. 에즈 촌을 둘러본 다음 점심 무렵 니스 해안을 거닐 시간이 주어져 발을 벗고 지중해 바닷물에 발이라도 담글까도 했는데 찌는 듯한 더위에 바다에서 익어 버릴까 싶어 그만두었다.

우리는 니스에 오기에 앞서 에즈라는 마을을 방문하였다. 에즈는 이탈리아 제노바에서 니스까지 이어지는 해안선의 절벽에 위치한 도시마을로, 1년 내내 꽃이 피는 아름다운 곳이며, 산 위에서 내려다보이는 프랑스 리비에라 절경은 세계적으로 알려진 곳이라 한다. 그래서 호텔과 상점이 자리가 생길 공간만 있으면 지어 놓은 느낌을 줄 만큼 즐비하다. 그중에도 에즈 마을에는 최상의 맞춤 서비스를 해주는 7성급 호텔이 있다 하는데, 들어가 보지는 못하였다. 마을 입구에서 양쪽에 상점이 빼곡하게 들어

에즈 마을에서 내려다본 코트다쥐르 해안

니스 해변.

모나코에 들어선 호텔들.

선 좁디좁은 골목길을 맴돌아 산정(300미터 정도)에 있는 선인장 공원에 이르니 바로 발밑에 해안과 도시 마을이 놓여 있다. 참으로 사진에 담기 좋은 곳이었다. 월트 디즈니가 여기 경치에 매료되어 한동안 떠나지를 못했다는 일화도 들려준다. 선인장 공원에 올라가는 중턱에는 1306년에 지었다는 생트 크루아(Sainte Croix) 교회가 이 마을의 역사를 증언한다.

　니스에 들어오니 프렌치 리비에라의 으뜸 되는 고장답게 모든 것이 고풍스러운 가운데 잘 정비되어 있다.

니스는 오래전에 그리스 사람들에 의하여 처음 건설된 거주지였는데 기원전 2세기경 켈트족이 그리스인을 밀어내고 이곳에 정주하기 시작하였다. 기원전 154년에는 로마제국이 점령하여 속지가 되었으며 그 후 지배자(영주)가 몇 번이나 바뀌었는데, 중세 시절에 프로방스 공작의 영지로 되었다가 이탈리아 사르디니아 왕국의 영지도 되었다가 하는 등 속국으로 오락가락하다가 프랑스 왕국에 편입된 것은 1804년의 일이라 한다. 그러나 이탈리아도 역사적 사실을 내세워 실지를 회복하겠다는 정서가 드러나는 일도 이따금 나타난다고 한다. 연평균 기온이 15℃이고 연중 온난하며 풍경이 아름다워 관광객이 많이 찾고 있다. 특히, 3.5킬로미터에 걸쳐 화려하게 이어지는 바닷가의 산책로는 니스를 유명한 휴양도시로 만들어 준 명물이다.

니스가 이렇게 국제적 휴양도시가 된 것은 18세기 중반 이후의 일이라 한다. 아름다운 경관과 지중해의 온화한 기후에 이끌렸던 영국의 상류층이 여기를 주목하여 관광지로 서기 시작한 것이다. 니스는 당시 이탈리아 사보이 왕국의 속지였던 것 같다. 영국은 때마침 산업혁명이 일어나면서 부유한 상류층이 휴양지를 찾아 특히 음침한 영국의 겨울을 피하여 온난한 지중해성 기후를 찾아 이곳까지 몰려오기 시작했다. 니스를 관광지로 개발한 것은 영국 사람들이었다는 것이다. 니스의 명물 3.5킬로미터 길이의 해변보도는 '영국 사람들의 산보도(Promenade des Anglais)'일 뿐만 아니라 맑은 공기와 부드러운 햇빛은 마르크 샤갈, 앙리 마티스와 같은 유럽의 저명한 미술가에게 물리칠 수 없는 매력 있는 사생과 작업 장소를 마련해 주었다. 니스에는 연간 4백만 명의 관광객이 찾아오고 있다. 아름다운 니스 해변에서 보낸, 길지 않은 시간이지만 기억은 오래 머물러 있을 것 같다.

이탈리아로 넘어가기 전 마지막으로 모나코에 들렀다. 프랑스와 이탈리아 사이에 면적 2제곱킬로미터, 인구 3만 5천 명에 불과한 공국으로 불리는 작은 도시국가

바위섬에 자리 잡은 모나코 성채.

모나코 왕궁과 성당을 방문하러 온 관광객들.

인데, 입구에서 본 풍경은 주변 저지대에 들어선 호텔을 제외하면, 모나코 바위섬(Rock of Monaco)에 올라앉은 작은 성채에 불과하다고 생각이 들었다. 모나코 공국의 왕자는 우리도 잘 아는 레이니에 공과 미국 영화배우 그레이스 켈리를 부모로 하는 알베르 II세 공이다. 21세기 지중해 리비에라 해안에 작은 공국이 있다니 신기하다. 우리가 탄 버스는 절벽에 터널을 뚫어 건설한 도로를 빙빙 돌아 해변가 주차장 건물에 우리를 데려다 주었다. 여기서부터 모나코 관광의 하이라이트라고 할 왕궁과 성당을 관광하기 위해 에스컬레이터와 엘리베이터를 번갈아 타고 올라가서 바위섬에 다다랐다. 관광객이 무척 많이 왔다.

모나코의 역사는 1297년 이래 그리말디 가(House of Grimaldi)가 대대로 지배 통치해 왔다고 하는데, 1419년 모나코 바위섬을 스페인의 아라곤 왕국으로부터 사들인 이후부터는 이 섬의 시비를 걸 수 없는 주인이 되었다는 것이다. 1993년에는 유엔 회원국으로도 당당히 가입하여 활동하고 있다. 그러나 독립국이라 하지만 프랑스가 방위를 책임져 준다고 한다. 모나코가 지금의 번영을 누리게 된 것은 19세기 개업한 몬테칼로 카시노가 가져다준 수입 덕택과 철도 부설로 파리와 로마로 연결되는 교통망 덕분이라 한다. 니스와 마찬가지로 온화한 기후 때문에 유럽과 20세기 들어서서는 미국의 돈 많은 부유층을 고객으로 하는 고품격 관광산업이 모나코의 주수입원이었는데, 얼마 전부터는 금융업을 도입하여 세금의 피난처로 한몫을 단단히 챙기고 있는 현실이다. 모나코에는 소득세가 없어 아주 매력적인 사업장소로 기업을 유치하고 있다는 것도 주목할 만한 요인이다. 최근에는 또 공해를 유발하지 않는 IT산업을 육성하고 있다는 것도 주목할 만하다.

모나코를 끝으로 이번 남불여행은 끝을 맺는다. 우리는 다음 날 밀라노 공항에서 그리스의 수도 아테네로 향할 예정이다. 남불여행은 피레네 산속의 안도라 공국에서 시작해 리비에라 해안 소국 모나코에서 끝을 맺었다. 그러니 프랑스 남쪽 끝의 해안부만 들러본 것이다.